영혼의 눈을 뜰 때

영혼의 눈을 뜰 때

이양호 지음

크리스천 헤럴드

영혼의 눈을 뜰 때

2005년 7월 15일 초판 1쇄 발행

지은이 이양호
펴낸이 이명권
펴낸곳 도서출판 크리스천 헤럴드

등록 / 제 99-2호
주소 / 서울특별시 광진구 광장동 353
전화 / 446-8391, 446-8399
팩스 / 452-3191
imkkorea@hanmail.net

ISBN 89-87118-17-7

값 8,000원

머리글

　여기에 실린 글들은 세브란스병원에서 발간하는 『세브란스』지에 2003년 3월부터 2005년 2월까지 24회에 걸쳐 매달 연재한 글들을 모은 것입니다. 원래는 병원에 입원한 환자들, 환자들을 돌보는 가족들, 그리고 병원에서 봉사하는 분들을 대상으로 썼지만, 관심 있는 모든 분들이 읽을 수 있을 것입니다.

　여러 가지 문학 작품들을 소개하고 있어서 누구나 쉽게 접근할 수 있을 것입니다. 문학 작품들에 대

한 신학적 해석을 곁들였으므로·그리스도인들과 신
학도들에게도 어떤 도움을 주리라 생각됩니다. 또
한 성경 본문이 있고 그 성경과 관련된 내용들이 있
어서 설교를 준비하는 설교자들에게도 어떤 도움이
되리라 생각합니다.

이 책의 제목을 "영혼의 눈을 뜰 때"로 정해 보았
습니다. 이 제목은 이 글들 가운데 하나의 제목이기
도 합니다. 이 글은 맹인이면서 수천편의 찬송가 시
를 작사하여 수많은 사람들을 감동시킨 크로스비 여
사에 관한 이야기를 다룬 것입니다.

이 글들이 이 아름다운 세상을 아름답게 보면서
살아가는 사람들, 그러면서 보다 더 아름다운 세상
을 만들어 가려고 노력하는 사람들에게 공감을 일으

켰으면 좋겠습니다. 끝으로 이 글들을 이렇게 아름
다운 책으로 출판해 주신 크리스천 헤럴드 이명권
대표님께 깊은 감사를 드립니다.

2005년 6월
연세동산에서 이양호

목차

1

영원한 사랑 12

침묵의 미덕 20

푯대를 향하여 28

부활 신앙의 능력 34

바보들의 세상 40

남을 낮게 여기고 46

주님 안에서의 즐거움 52

영혼의 눈을 뜰 때 58

2

천상의 비전 66

심히 좋은 세계 72

하나님의 영광 80

기도의 힘 88

그리스도를 본 받아 94

창조적인 사랑 100

사랑과 욕망 108

대속의 고난 114

3

가정의 신성성 122

감사의 비결 128

우리 가운데 계신 하나님 134

거룩한 공회 140

성도의 교제 146

양심을 인하여 152

법의 정신 158

전쟁과 평화 164

영원한 사랑

침묵의 미덕

촛대를 향하여

부활 신앙의 능력

바보들의 세상

남을 낫게 여기고

주님 안에서의 즐거움

영혼의 눈을 뜰 때

"사랑은 오래 참고 사랑은 온유하며 투기하는 자가 되지
아니하며 사랑은 자랑하지 아니하며 교만하지 아니하며
무례히 행치 아니하며 자기의 유익을 구치 아니하며 성내
지 아니하며 악한 것을 생각지 아니하며 불의를 기뻐하지
아니하며 진리와 함께 기뻐하고 모든 것을 참으며 모든
것을 믿으며 모든 것을 바라며 모든 것을 견디느니라 "

(고린도전서 13 : 4 - 7)

영원한 사랑

롱펠로우(Henry Wadsworth Longfellow)의 작품 가운데 아름답고 슬픈 사랑 이야기를 다룬 『에반젤린』이라는 서정시가 있습니다.

가브리엘과 에반젤린은 약혼을 하고, 그리고 결혼식 날 영국군에 의해 마을이 점령되면서 헤어지게 됩니다. 이 때부터 에반젤린은 그녀의 사랑하는 애인을 찾아 나서게 됩니다. 그녀는 다른 사람과 결혼하라는 권면을 거절하고 가브리엘만을 찾았습니다.

수소문하여 찾아 가보면 이미 가브리엘은 다른 곳으로 떠났습니다. 지친 에반젤린에게 신부님은 이렇게 용기를 주었습니다.

"고통과 사랑으로써 견디어 이겨야만 해! 슬픔과 침묵은 강하고 인내는 황금 같은 것이니 참고 노력해서 그대 사랑을 성취해야지! 마음이 하나님같이 순화되어 더욱 빛나기 위해서는 사랑의 고통이 따르는 법이야!"

그러나 마침내 에반젤린은 가브리엘을 찾기를 포기합니다.

"이제는 헛된 탐색도, 덧없었던 노력도 끝내고 이 세상에서는 그런 노력을 다시는 계속하지 않으리라 생각했을 때 … 그녀의 마음의 안개는 사라지고 세상은 이제 어둡지 않았으며, 모두 사랑으로 빛나고 있었습니다 … 그러나 결코 가브리엘을 잊은 건 아니었습니다. 그녀의 마음속에는 사랑과 젊음의 아름다움에 싸여 그의 모습이 자리 잡고 있었습니다 … 인내와 극기, 그리고 헌신은 슬픔과 고난의 삶이 그녀에게 가르쳐 준 교훈이었습니다. 그녀의 사랑은 향기와도 같이 대기 중에 사라지지도 없어지지도 않았습니다. 그녀에게는 희망도 소원도 없었으며 오직 구세주의 발자취를 따를 뿐이었습니다. 이리하여 그녀는 근심과 궁핍으로 햇빛이 가려지고 질병과 괴로움이 다락방에서 신음하며 떠나지 않는 도시의 뒷골목을 이리저리 찾아다니는 한 사람의 '자비의 자매'가 되었습니다."

이제 그녀의 사랑은 한 사람에 대한 사랑에서 인류에 대한 보편적 사랑으로 승화되었습니다. 시간은 지나고 에반젤린이 살던 지역에 페스트가 유행했을 때, 그녀는 요양소에서 환자를 간호하다가 그 환자 중에서 죽어가는 가브리엘을 만나게 됩니다. 가브리엘은 에반젤린의 품속에서 세상을 떠납니다.

"이제는 모든 것이 끝났습니다. 희망도, 공포도, 슬픔도, 가슴 아파하던 것도, 마음의 번뇌도, 안타깝던 그리움도, 심한 고통도, 오래 참고 견디어 온 고뇌도 모두 사라졌습니다. 에반젤린은 차디찬 그의 얼굴을 다시 한 번 가슴에 껴안으면서 조용히 고개 숙여 기도드렸습니다. 하늘에 계신 아버지여! 감사드립니다." "지금도 원시림은 그대로 우거져 있지

만 이 숲에서 멀리 떨어진 곳, 이름 없는 무덤에 사
랑하던 두 사람은 나란히 잠들어 있습니다."

영국의 청교도인 후커(Thomas Hooker)는 아내
에 대한 남편의 애정을 이렇게 묘사하였습니다. "그
마음이 사랑하는 여인에게 가 있는 남자는 밤에는
그녀의 꿈을 꾸고, 잠이 깼을 때는 그의 눈과 생각에
그녀가 있고, 식탁에 앉았을 때에도 그녀를 명상하
고, 여행할 때에도 그녀와 동행하고, 그가 어느 곳에
가든지 그녀와 이야기한다."

지금 우리 사회는 부부 사랑이 급속히 냉각되고
있습니다. 2002년에는 30만 6천 쌍이 결혼하고 14만

5천 쌍이 이혼하여 이혼율이 47%였으나, 2003년에
는 30만 4900쌍이 결혼하고 16만 7천 쌍이 이혼하여
이혼율이 55%로 수직 상승하였습니다. 이것은 아마
세계 1위가 될 것입니다. 우리가 회복해야 할 것은
바로 영원한 사랑입니다.

"그가 곤욕을 당하여 괴로울 때에도 그 입을 열지 아니하
였음이여 마치 도수장으로 끌려가는 어린 양과 털 깎는
자 앞에 잠잠한 양 같이 그 입을 열지 아니하였도다."

(이사야 53:7)

침묵의 미덕

테니슨(Alfred Tennyson)의 작품 가운데 숭고한 사랑과 자기희생의 이야기를 다룬 『에녹 아든』(Enoch Arden)이라는 서정시가 있습니다.

바닷가 오막살이 세 집에 각각 애니라는 소녀와 필립이라는 소년과 에녹이라는 소년이 살고 있었습니다. 그들은 소꿉놀이를 하며 함께 자라났습니다. 애니는 이들 둘 중 에녹을 선택하여 결혼을 하고 자녀들을 두었습니다. 에녹은 가세가 기울자 사랑하는 아내와 자녀들을 집에 두고 돈벌이를 나갑니다 만, 배가 파선되어 무인도에서 십수년을 지내게 됩 니다. 한편 필립은 어렵게 살아가는 이 가정을 여러 가지로 도와줍니다.

애니는 십년이 지나도 남편이 돌아오지 않고, 또 주위의 권고에 못 이겨 필립과 결혼을 하게 됩니다. 에녹은 구사일생으로 고향에 돌아와 보니 아내가 필 립과 결혼하여 행복하게 살고 있었습니다. 에녹은 그들의 행복한 삶을 방해하지 않기 위해 침묵하면서 자기를 알리지 않았습니다. 그러나 임종 자리에서 자기를 돌보는 할머니에게 이렇게 유언을 남깁니 다.

"만일 애니를 만나거든 이렇게 전해 주십시오.

애니를 마음껏 축복하면서, 애니를 위해 하나님께 기도드리면서 이제는 넘을 수 없는 장벽이 가로놓였으나 그런대로 신혼 때처럼 그녀를 사랑하면서 저 세상으로 먼저 떠났노라고 말입니다." "엄마의 모습을 닮은 나의 딸에게는 마지막 숨이 넘어갈 때까지 그애의 앞길을 축복하며 부디 행복하게 살게 해달라고 기도했노라 전해 주십시오. 또 아들에게도 축복의 말 거듭했노라 전해 주십시오" "내 집의 행복을 걱정해 준 필립에게는 그의 앞날을 위해 기도드렸노라 전해 주십시오." "에녹은 눈을 번쩍 뜨더니 갑자기 일어나 두 손 내밀어 큰소리로 '배다, 배다! 나는 구원되었다' 라고 고함치더니 벌렁 뒤로 넘어져 다시는 입을 열지 못했습니다. 그리하여 용

감한 한 사나이의 영혼이 이 세상을 영원히 떠났습
니다. 마을 사람들은 에녹 아든의 귀향과 죽음에 관
한 애달픈 이야기를 듣고 깊이 감명했습니다. 그리
하여 그들은 이 포구에서 일찍이 보지 못했던 성대
한 장례식으로 그를 고이 묻어 주었습니다." 이렇게
하여 이 숭고한 영혼은 영원한 구원의 배에 올랐습
니다.

이사야 53장 7절의 말씀은 이른바 "고난의 종의
노래" 가운데 한 구절입니다. 이 고난의 종이 누구
를 가리키느냐 하는 것은 논쟁되는 문제입니다. 그
러나 대체적 의견은 유대를 가리킨다고 하는 것입니
다. 유대인들이 나라를 잃고 바벨론으로 포로로 잡

침묵의 미덕

혀 갔을 때, 이 시인은 고난의 종의 노래를 통해 유대인이 세상에 흩어져 고난을 당하는 것은 인류에게 하나님의 뜻을 전하기 위한 것임을 가르쳐 주고 싶어서 이 노래를 지은 것 같습니다. 그는 굴욕을 당하고 고문을 당하였으나, 마치 도살장으로 끌려가는 어린 양처럼 아무 말도 하지 않았습니다. 여기에 이 고난의 종의 한 미덕이 나타납니다.

신약성경에서는 예수님을 고난의 종으로 해석하고 있습니다. 예수님은 대제사장들의 여러 가지 고발에 대해 침묵을 지켰습니다. 빌라도가 딱해서 말했습니다. "당신은 아무 답변도 하지 않소? 사람들이 얼마나 여러 가지로 당신을 고발하는지 보시오." 그러나 예수님은 아무 대답도 하지 않으셨습니다.

여기에 예수님의 신성이 나타나는 것 같습니다.

　구약성경에서 요셉은 억울한 누명을 쓰고 감옥에 가면서도 침묵을 지켰습니다. 그래서 보디발의 가정을 지켜 주고, 자신은 그 고난을 통해 하나님의 섭리의 큰 도구가 되었습니다.

　서로 공격하고 비방하고 헐뜯는 우리 사회에서 한편이라도 침묵의 미덕을 지킨다면 우리 사회는 훨씬 평화로운 사회가 될 것입니다.

"내가 이미 얻었다 함도 아니요 온전히 이루었다 함도 아
니라 오직 내가 그리스도 예수께 잡힌바 된 그것을 잡으
려고 좇아가노라 형제들아 나는 아직 내가 잡은 줄로 여
기지 아니하고 오직 한 일 즉 뒤에 있는 것은 잊어버리고
앞에 있는 것을 잡으려고 푯대를 향하여 그리스도 예수
안에서 하나님이 위에서 부르신 부름의 상을 위하여 좇아
가노라."(빌립보서 3:12-14)

푯대를 향하여

헤밍웨이(Ernest Hemingway, 1899~1961)의
『노인과 바다』는 한때 널리 애독되던 작품입니다.
주인공 산티아고라는 노인은 어부였습니다. 젊었을
때는 팔씨름으로 누구에게도 지지 않는 장사이기도
하였습니다. 그런데 벌써 84일이나 고기 한 마리 잡
지 못해 큰 허탈감에 빠져 있었습니다. 그러나 85일
째에 상상도 못할 큰 고기가 낚시에 걸려들어 이틀
밤을 지새우면서 온갖 고통을 극기의 정신으로 이겨

내면서 그 고기와 사투를 벌입니다. 마침내 지친 고기를 창으로 잡게 됩니다만, 그러나 배 길이보다 더 긴 18피트나 되는 큰 고기여서 배에 실을 수가 없었습니다. 그 노인은 그 고기를 배에 묶어 단 채 해안으로 돌아옵니다. 그러나 상어들이 나타나서 그 고기를 베어 먹기 시작하여 다시 상어들과 싸워야 했습니다. 상어들을 몇 마리 죽이긴 하였으나 연장마저 다 없어져서 결국은 상어들에게 고기 살을 다 빼앗기고, 머리와 뼈와 꼬리만 앙상하게 남은 그 고기를 배에 단 채 해안으로 돌아오게 됩니다. 그는 실패자이긴 하지만 위대한 실패자로 돌아온 것입니다. 누가 그 결과만 보고 그를 단순한 실패자로 낙인을 찍을 수 있겠습니까. 그 큰 고기와 이틀 밤을 지새우면서 사투하여 마침내 그 큰 고기를 잡은 과정이 더 중요한 것일 것입니다. 이 작품은 어떤 역경 속에서도 굴하지 않는 불굴의 인간상을 그려 준 점에서 영원한 명작으로 남을 것입니다.

조나단 에드워즈(Jonathan Edwards, 1703~1758)는 미국이 낳은 가장 위대한 신학자라는 평을 받고 있습니다. 그는 그의 저서 『종교적 정서』에서 이렇게 말하였습니다. "성도들이 이 세상에서 도달하는 가장 큰 탁월성과 완전성은, 결코 포만감을 느끼지 않으며 더욱 많은 것을 갈망하는 마음을 감소시키지 않는다. 그와는 반대로, 더욱 정진하게 만든다. 사도의 말에서도 분명하게 나타나 있듯이, 뒤에

있는 것은 잊어버리고 앞에 있는 것을 잡으려고 푯
대를 향하여 좇아간다." 에드워즈에 의하면 진정한
믿음은 자신에 대한 만족을 허용하지 않기 때문에,
겸손은 구원의 신앙의 표시입니다.

사도 바울은 빌립보서에서 "내가 하는 일은 오직
한가지입니다. 뒤에 있는 것은 잊어버리고, 앞에 있
는 것을 향하여 몸을 내밀면서, 그리스도 예수 안에
서, 하나님께서 위로부터 부르신 그 부르심의 상을
받으려고, 목표점을 바라보고 달려가고 있습니다"
하고 말하였습니다. 바울의 목표는 그리스도의 형
상이었을 것입니다. 그리스도를 완전히 닮는다는
것은 너무나 숭고한 목표이었기 때문에 천천히 걸어

가서는 이를 수 없어서 달려가야 했을 것입니다.

우리의 일생이 바울처럼 인생의 숭고한 목표를 위해 분투노력하는 삶이 되었으면 좋겠습니다. 에드워즈가 말한 것처럼, 인생의 인격의 도야에는 이만하면 되었다고 하는 자만감이 있을 수 없습니다.

진정한 겸손은 세상 앞에서의 겸손이 아닙니다. 진정한 겸손은 하나님 앞에서의 겸손입니다. 하나님의 기준에 비추어 크게 부족함을 느끼는 겸손, 하나님이 기뻐하실 만큼 되지 못했고, 하지 못했음을 느끼는 겸손이 진정한 겸손입니다. 그는 결코 자기만족에 빠지지 않습니다. 이런 겸손은 일어나 푯대를 향하여 달려가게 만듭니다.

"예수께서 가라사대 나는 부활이요 생명이니 나를 믿는
자는 죽어도 살겠고 무릇 살아서 나를 믿는 자는 영원히
죽지 아니하리니 이것을 네가 믿느냐" (요한복음 11:25-26)

부활 신앙의 능력

미국의 문학가인 호돈(Nathaniel Hawthorne, 1804-1864)의 작품 가운데 『주홍 글씨』라는 소설이 있습니다. 이 소설의 여주인공 헤스터 프린은 남편의 소식을 모르고 살아가고 있는 중에 아기를 낳게 됩니다만, 그 아기의 아버지에 대해서는 함구하였습니다. 판사들은 오랫동안 그녀의 남편의 소식이 끊어진 점을 감안하여 그녀가 사형대에 몇 시간 서 있는 것으로 사형을 면제해 주고, 그 대신 일생 동안

간음을 뜻하는 A자를 주홍 글씨로 써서 가슴에 달고 살게 하였습니다.

그러나 이 사건이 있은 후 그녀는 가난한 사람이 딱한 처지에 놓여 있는 것을 보면 넉넉잖은 자기 것을 쪼개서 나누어 주었는데, 이런 일로는 그녀를 당할 사람이 없었습니다. 역병이 온 거리에 퍼졌을 때에도 헤스터만큼 헌신적으로 봉사한 사람은 없었습니다. 치욕의 표지를 단 그녀의 가슴이었지만 베개를 찾는 환자에게는 부드러운 베개가 되어 주었으며, 그녀는 자신이 스스로 임명한 '자선 간호 수녀'였습니다.

그녀가 남을 위해 애쓰는 힘이 하도 강했기 때문에 그리고 하도 힘차게 일하고 동정심이 강했기 때문에, 드디어 많은 사람들은 그 A라는 주홍 글씨를 원래의 뜻으로 해석하기를 거절했으며, 그들은 그것을 'Able'과 같이 강한 덕을 가졌다는 뜻이라고 말했습니다. 헤스터 프린은 아무런 이기적인 목적을 가지지 않고, 또 어떠한 일이 있더라도 자기 자신의 이익과 향락을 위하여 사는 일이 없었기 때문에, 사람들은 모두 슬픈 일, 어려운 일이 있으면 그녀에게 와서 의논했습니다.

그녀는 실로 죽었다가 다시 사는 삶을 살았습니다. 예수회라는 단체를 창설하고 세계 선교에 공헌한 로욜라(Ignatius Loyola, 1491-1556)는 스페인 귀족 가문 출신의 기사였습니다. 그는 1521년 5월에 프랑스인들이 나바레를 침입하였을 때 팜플로나 전투에서 큰 부상을 입었습니다. 더 이상 기사로 일할 수 없게 된 그는 그리스도를 위한 영적 기사가 되겠다고 다짐하고 새 인생을 시작하였습니다. 그는 자기 삶의 목적이 하나님을 섬기고 영혼을 구원하는 것임을 깨닫게 되었습니다. 1524년부터 알칼라와 살라만카에서 기초 교육을 받고, 1528년 38세의 나이에 파리 대학교에 입학하여 1535년까지 공부하였습니다. 그가 1540년에 창설한 예수회는 인도, 일본, 중국, 라틴 아메리카를 비롯하여 수많은 지역에 선교사를 파송하여 기독교가 세계적 종교로 발전하는 데 기틀을 마련하였습니다.

　돌이킬 수 없는 실수도 치명적 사고도 인생의

끝이 아닙니다. 그것들을 새 인생을 위한 전기로 삼는 자들에게는 진정한 갱생의 삶, 부활의 삶이 있습니다.

"또 눈은 눈으로, 이는 이로 갚으라 하였다는 것을 너희
가 들었으나 나는 너희에게 이르노니 악한 자를 대적지 말
라 누구든지 네 오른편 뺨을 치거든 왼편도 돌려 대며 또
너를 송사하여 속옷을 가지고자 하는 자에게 겉옷까지도
가지게 하며 또 누구든지 너로 억지로 오리를 가게 하거든
그 사람과 십리를 동행하고 네게 구하는 자에게 주며 네게
꾸고자 하는 자에게 거절하지 말라." (마태복음 5:38-42)

바보들의 세상

톨스토이의 작품 가운데 『바보 이반』이라는 작품이 있습니다. 이반에게는 두 형이 있었습니다. 큰형 쎄묜은 군인으로 귀족의 딸과 결혼했으며, 둘째 형 탈라스는 상인이었습니다. 이반은 농촌에서 열심히 일하는 농부였습니다. 큰 형은 많은 소유가 있었으나 아버지를 찾아와서 3분의 1의 재산을 요구했습니다. 이반은 자기가 땀흘려 마련한 재산의 3분의 1을 선뜻 내어주었습니다. 그 다음에는 부유한

상인인 둘째 형이 찾아와서 곡식 절반과 종마를 요
구했습니다. 이 번에도 이반은 자기가 일해 거둔 결
실들을 선뜻 주었습니다.

이것을 본 악마는 이 화평한 집안을 파멸시키기
로 결심합니다. 그래서 악령 셋을 보내게 됩니다. 첫
째 악령은 큰 형에게로 갔습니다. 큰 형은 국왕을 움
직여 인도를 치게 합니다만, 악령은 화약을 다 젖게
만들어서 전쟁에서 참패하게 합니다. 큰 형은 사형
선고를 받고 감옥에 갇히게 됩니다. 둘째 악령은 둘
째 형에게로 가서 마음에 욕심을 불어 넣었습니다.
그는 빚을 내어 많은 물품을 매점하게 됩니다. 악령
은 그 물품들을 다 못 쓰게 만들어 알거지가 되게 했
습니다. 셋째 악령은 이반에게로 가서 배탈이 나게

하고 농기구가 부서지게도 해보았습니다. 그러나
이반은 꿋꿋이 참고 농사일을 계속했습니다.

악령은 이반을 계속 괴롭히다가 이반에게 잡히
게 되어 무슨 병이든 고칠 수 있는 약초를 주고 풀려
나게 됩니다. 첫째 악령의 도움으로 탈옥한 큰 형과
알거지가 된 둘째 형이 이반이 있는 집으로 도피해
오게 됩니다. 이반은 그 형들을 흔쾌히 맞아주었습
니다. 형수들이 더럽고 땀 냄새 나는 이반과 함께 식
사를 할 수 없다고 말했을 때 이반은 그들에게 식탁
을 내어주고 혼자 식사를 했습니다.

한편 이반이 사는 나라의 공주가 중병에 걸렸습
니다. 이반은 약초의 덕분으로 공주를 살려내고 왕
의 사위가 되었습니다. 그리고 왕이 죽자 이반이 왕

이 되었습니다. 이반은 왕이면서도 농사일을 계속했
습니다. 관리들에게 봉급을 줄 생각도 하지 않자 머
리 좋다고 생각하는 사람들은 다 이 나라를 떠나가고
일하는 농부들만 남아 열심히 농사일을 했습니다.
이제 악마는 자기가 직접 나타나서 이반과 이반의 왕
국을 파멸시키기로 했습니다. 금화를 많이 만들어
자기에게 와서 일하면 금화를 주겠다고 해도 그 나라
백성들은 금화에 관심을 보이지 않았습니다. 군인들
을 만들어 곡식을 약탈하게 하니 그냥 다 내어 주었
습니다. 악마는 높은 망대에 올라가서 손으로 일하
지 않고 머리로 일하는 방법을 가르쳐주겠다고 몇날
며칠 연설하다가 지쳐 떨어져 죽고 맙니다. 그래서
우직한 이반이 악의 세력과 싸워 승리하게 됩니다.

예수님께서는 산상 설교에서 "누가 네 오른쪽 뺨을 치거든, 왼쪽 뺨마저 돌려 대어라. 너를 걸어 고소하여 네 속옷을 가지려는 사람에게는, 겉옷까지도 내주어라… 네게 달라는 사람에게는 주고, 네게 꾸려고 하는 사람을 물리치지 말아라" 하고 말씀하셨습니다. 예수님은 이 영악한 세상에서 거룩한 '바보'로 사는 것이 제자의 길이라고 가르치신 것이었습니다.

이기주의, 가족 이기주의, 집단 이기주의가 팽배한 우리 사회는 "달라는 사람에게 주고, 꾸려고 하는 사람에게 꾸어 주는" 바보스러운 성자들을 요청하고 있습니다. 이런 성자들이 많은 사회가 참으로 살 만한 사회일 것입니다.

"아무 일에든지 다툼이나 허영으로 하지 말고 오직 겸손
한 마음으로 각각 자기보다 남을 낫게 여기고" (빌립보서 2:3)

남을 낮게 여기고

    알베로니(Francesco Alberoni)의 저작으로 『남을 칭찬하는 사람, 헐뜯는 사람(L' ottimismo)』이 있습니다. 이 저작에 의하면, 세상에는 비관적인 사람이 있는가 하면 낙관적인 사람이 있습니다. 비관적인 사람은 다른 사람들을 볼 때 가장 나쁜 성질, 가장 이기적이고 타산적인 행동의 동기들을 찾아냅니다. 비관적인 사람은 사회가 본질적으로 사악하고 언제나 자신의 이익을 위해 주변 상황을 이용할 태

세가 되어 있는 사람들로 이루어져 있다고 생각합니다. 반면에 낙관적인 사람은 비관적인 사람들과는 달리 순진해 보입니다. 그는 사람들을 신뢰하고 그러다가 위험에 처하기도 합니다. 하지만 그는 모든 인간들에게는 긍정적인 면이 있다는 점을 중요시하며 그런 면을 일깨우려 애씁니다. 그는 개개인이 지니고 있는, 북돋아 주고 꽃피울 수 있는 성질을 찾으려고 노력합니다. 그렇게 해서 그는 사람들을 끌어들이고 단결시켜 목표를 향해 가도록 이끕니다. 알베로니는 유능한 관리자, 우수한 기업가, 뛰어난 정치가는 이런 능력을 지녀야 한다고 강조합니다.

알베로니는 이 책에서 자기의 조국인 이탈리아와 미국을 이렇게 비교합니다. 이탈리아인들은 경

쟁하는 것처럼 보이는 것을 두려워하고 성공을 추구
하는 것을 부끄러워합니다. 반면에 미국인들은 경
쟁은 유익하다고 생각합니다. 사람들이 성공을 위
해 자신의 몸을 바치고 최선을 다하는 사람이 더 대
접을 받는 게 유익하다고 생각합니다. 그런데 알베
로니는 경쟁을 두려워하는 사회는 역설적이게도 질
투의 위협을 받는다고 합니다. 질투는 같은 수준에
있던 사람에게 추월당했다는 사실을 깨달았을 때 나
타납니다. 그 순간 우리 앞에는 두 개의 길이 놓여
있습니다. 그의 성공을 인정하고 박수 갈채를 보내
느냐, 아니면 그의 실패와 파멸을 원하기 시작하느
냐 입니다. 알베로니는 성공을 칭찬해 주는 사회가
질투하는 경향이 적다고 말합니다. 경쟁을 자극하

듯이 그 성공을 인정하도록 자극하기 때문입니다.
이런 나라의 문화는 자신 속에 틀어박히려는 개인을
가로막고 그를 떠밀어 활동하게 하고, 최선을 다하
고, 다른 길을 찾고, 훌륭한 사람을 칭찬하게 만든다
고 합니다.

초대 교부인 아우구스티누스는 겸손은 기독교의
전부라고 말했습니다. 진정한 겸손은 기독교의 핵
심입니다. 그러나 잘못된 겸손도 없지 않습니다. 중
세 수도사들은 다른 수도사들보다 더 겸손하려고 노
력했으며, 그래서 자기의 겸손을 자랑했습니다. 종
교 개혁자 루터는 위장된 겸손에 대해 이렇게 말했
습니다. "우리는 우리의 겸손, 우리 자신에 대한 무

시, 그리고 우리 자신의 죄의 고백을 즐거워한다. 그
리고 우리 자신의 자랑을 꾸짖는 것을 자랑한다."

사도 바울은 아무 일에든지 다툼이나 허영으로
하지 말고 오직 겸손한 마음으로 각각 자기보다 남
을 낮게 여기라고 말합니다. 남이 나보다 앞서는 것
을 시기하거나 질투하지 말고 그것을 인정하고 칭찬
해 주라는 뜻일 것입니다. 나보다 못한 사람을 보면
멸시하지 말고, 그의 잠재성을 찾아 발전시켜 주라
는 뜻일 것입니다. 자신도 최선을 다해 달려가지만,
자기보다 앞선 사람을 칭찬해 주고, 그리고 자기보
다 뒤떨어진 사람을 격려해 주는 사회가 아름다운
사회일 것입니다.

"내 영혼이 여호와를 즐거워함이여 그 구원을 기뻐하
리로다."(시편 35:9)

주님 안에서의 즐거움

수년전 일입니다만 하루야마 시게오의 『뇌내혁명』이 널리 읽힌 적이 있습니다. 그리고 이 책은 마사시 나가노의 『뇌내혁명의 허실』이라는 책에 의해 입증되지 않은 가설이라고 비판을 받긴 했지만 여전히 큰 감동을 주었습니다. 『뇌내혁명』에 의하면 "인간은 누구나 자신의 인체 내부에 그 어떤 제약 회사에도 뒤지지 않는 훌륭한 제약 공장 시스템을 갖추고" 있습니다. 그런데 긍정적 생각을 하면 "체내에

있는 제약 공장은 순식간에 몸에 이로운 약을 만들
어" 냅니다. 그리고 "그 약은 인체를 괴롭히는 모든
질병을 물리" 칩니다. 그러나 자칫 잘못해서 부정적
생각을 하게 되면 "체내의 제약 공장은 곧바로 몸에
해로운 약을 만들어" 냅니다. "인간이 화를 내고 긴
장하면 뇌에서 노르아드레날린이 분비되고, 공포감
을 느끼면 아드레날린이 분비" 됩니다. 그런데 "노
르아드레날린과 아드레날린은 강한 독성을 가지고"
있습니다. 반면에 매사를 긍정적으로 받아들이면
베타마이너스 엔돌핀이 분비됩니다. "이 호르몬은
인간에게 쾌감을 줄 뿐 아니라 젊음을 유지시키고
암세포를 파괴" 합니다. 요컨대 이 책에 의하면 인간
이 항상 기뻐하고 매사에 감사한 마음으로 살아간다

면, 질병으로부터 벗어나고 건강하게 살 수 있습니다. 반대로 두려워하고 긴장하고 화를 내면 몸에 독이 퍼져서 질병에 걸리게 됩니다. 물론 저자는 "호르몬은 아미노산이 수십개 연결된 단백질의 일종이므로 식사를 통해 질적, 양적으로 충분한 단백질을 섭취 못하면 플러스 발상을 아무리 많이 하더라도 뇌내 모르핀을 제대로 분비할 수 없는 결과를 초래할 것"이라는 말을 덧붙이기를 잊지 않습니다.

중세 신학자들은 인간에게 가장 좋은 것은 하나님을 보고 즐거워하는 것이라고 하였습니다. 흔히 요리 문답이라고 말하는 웨스트민스터 소교리 문답 1에서도 "인간의 최고가는 목적이 무엇입니까?" 하는 물음에 "인간의 최고가는 목적은 하나님을 영화 롭게 하고 그를 영원히 즐거워하는 것입니다" 하고 대답하도록 되어 있습니다. 하나님을 즐거워하는 것(to enjoy God)이 인간에게 가장 좋은 것이며, 인 간의 최고가는 목적입니다. 우리가 이 세상에서 즐 길 것도 많이 있지만, 그러나 지고의 존재이신 하나 님을 즐거워하는 것이야말로 지고선일 것입니다.

시편 기자는 "그 때에 내 영혼이 주님을 기뻐하 며, 주님의 구원을 크게 즐거워할 것이다" 하고 말합 니다. 하박국 선지자도 "나는 주님 안에서 즐거워하 련다. 나를 구원하신 하나님 안에서 기뻐하련다" 하 고 말하였습니다. 실로, 우주의 창조자이시며 주관

자이신 하나님이 나의 구원자이시고, 우주의 주인이 나의 아버지이시니 내가 부족함이 없는 것입니다. 이 거대한 우주가 내 아버지의 것이고, 그래서 나의 것인데 내게 무슨 부족함이 있겠습니까? 이런 신앙을 가진 사람은 넉넉한 마음으로 살아갈 수 있는 것입니다.

우리가 이런 넉넉한 마음으로 살아간다면, 고요한 기쁨과 조용한 즐거움으로 살아갈 수 있을 것입니다. 그 때 우리 몸에는 우리도 모르는 사이에 우리 몸에 유익한 분비물들이 분비되어 우리 몸을 건강하게 지켜 줄 것입니다. 또 우리가 이런 넉넉한 마음으로 살아간다면, 우리 이웃의 손을 잡고 하나님의 사랑으로 사랑할 수 있을 것입니다.

"예수께서 이르시되 내가 심판하러 이 세상에 왔으니 보지 못하는 자들은 보게 하고 보는 자들은 맹인이 되게 하려 함이라 하시니 바리새인 중에 예수와 함께 있던 자들이 이 말씀을 듣고 이르되 우리도 맹인인가 예수께서 이르시되 너희가 맹인이 되었더라면 죄가 없으려니와 본다고 하니 너희 죄가 그대로 있느니라." (요한복음 9:39-41)

영혼의 눈을 뜰 때

크로스비(Fanny Jane Crosby, 1820-1915) 여사는 기독교 역사에 있어서 가장 유명한 찬송가 작사자입니다. 그녀는 무려 9,000여 편의 찬송가와 복음송가를 작사하였습니다. 우리 찬송가에는 그녀가 작사한 찬송가가 23편이나 실려 있습니다.

그녀는 미국 뉴욕주의 가난한 가정에서 태어났습니다. 생후 6주만에 시골 의사의 잘못된 치료로 인해 실명하여 일생을 맹인으로 살아야 했습니다.

그러나 그녀는 자기의 처지를 한탄하지 않았습니다. 오히려 그녀는 하나님이 자기 육신의 눈을 멀게 한 것은 하나님을 찬양하고, 다른 사람들도 하나님을 찬양하도록 격려하고 자극을 주도록 하기 위한 것이라고 말했습니다. 맹인임에도 불구하고 영혼 깊이에서 하나님께 감사하고 하나님을 찬양하는 것을 보고 수많은 사람들이 감동을 받고 하나님을 찬양했습니다. 자기 생의 깊은 사명 의식을 가진 한 영혼으로 인해 수많은 사람들이 바른 길로 돌아오게 되었습니다. 그녀는 찬송가 작사자일 뿐만 아니라 성악가, 오르간 연주자, 맹인 학교 교사로 봉사하였으며, 수많은 집회의 연사로 활동했습니다.

육신의 눈이 감긴 그는 오히려 영적인 세계를 볼

수 있었습니다. "주 예수 넓은 품에 나 편히 안겨서 그 크신 사랑 안에 나 편히 쉬겠네. 영광의 들을 넘고 저 푸른 바다 넘어 천사의 노래 소리 내 귀에 들리네(476장)."

세상의 잡다한 것을 볼 수 없었던 그녀는 기도에 많은 시간을 보냈습니다. "기도하는 이 시간 주께 엎디어서 은밀하게 구할 때 꼭 응답받네. 잘못된 것 아뢰면 측은히 여기사 크신 은사를 주네. 거기 기쁨 있네. 기도 시간에 복을 주시네. 곤한 내 마음 속에 기쁨 충만하네(480장)." 기차를 기다리며 15분만에 썼다는 이 시는 우리에게 깊은 감명을 주고 있습니다.

"후일에 생명 그칠 때 여전히 찬송 못하나 성부

의 집에 깰 때에 내 기쁨 한량 없겠네. 후일에 석양 가까워 서산에 해가 질 때에 주께서 쉬라 하실 때 영원한 안식 얻겠네. 그 날을 늘 기다리고 내 등불 밝게 켰다가 주께서 문을 여실 때 이 영혼 들어가겠네 (295장)." 이 찬송시는 그녀가 73세에 작사한 것입니다. 당시 청중 가운데 이 시를 들으면서 눈물을 흘리지 않은 사람이 없었다고 할 정도로 감동적인 시입니다.

그녀는 생애 말년까지 빈민굴을 찾아다니면서 그들의 생활을 돌보고 그들의 영혼에 빛을 던져 주었습니다. 1904년 그녀는 이런 시를 지었습니다. "주 오늘에 다시 오신다면 부끄러움 없을까. 잘 하였다 주님 칭찬하며 우리 맞아 주실까. 주 예수님 말

겨 주신 일에 모두 충성 다했나. 주 안에서 우리 몸

과 맘이 깨끗하게 되어서 주 예수님 다시 오실 때에

모두 기쁨으로 맞아라(163장)."

천상의 비전

심히 좋은 세계

하나님의 영광

기도의 힘

그리스도를 본 받아

창조적인 사랑

사랑과 욕망

대속의 고난

"그러므로 너희가 그리스도와 함께 다시 살리심을 받았
으면 위엣 것을 찾으라 거기는 그리스도께서 하나님 우편
에 앉아 계시느니라 위엣 것을 생각하고 땅엣 것을 생각
지 말라 " (골로새서 3:1-2)

천상의 비전

세계삼대 옥중 문학이라고 불리우는 책들이 있습니다. 그것들은 사도 바울의 옥중 서신, 보에티우스의 『철학의 위안』, 그리고 존 번연의 『천로 역정』입니다.

보에티우스는 480년 경 로마의 귀족 가문에서 태어났습니다. 그는 희랍에 가서 철학을 공부하고 로마로 돌아왔습니다. 그는 철학자들의 가르침에 따라 정의를 실천하려고 노력하다가 간신들의 모함에

의해 파비아라는 곳에 유배를 당하여 처형될 날을
기다리고 있었습니다. 간신들에 대한 분노, 국왕에
대한 원망 때문에 괴로워하다가 그는 철학적 명상에
들어가게 됩니다. 그는 명상 속에 최고의 하늘에 오
르게 됩니다. 이 망망한 우주는 선한 하나님의 선한
세계이며, 이 선한 세계에서 쫓겨난 간신들이야말로
유배자들이었습니다.

　"이렇듯 너를 네 여로가 이끌어 이 나라에 이르
게 한다면 그 때 너는 지금 잊어 버리고 애써 찾는
'바로 내 본향이 여기임을 기억하노라. 나는 이제
본향에 왔으니 편히 쉬겠노라'라고 말하리라. 그리
고 너 만일 거기서 어둠에 잠긴 지상 세계를 다시 한
번 바라본다면 가련한 뭇 백성들이 전전긍긍하는 잔

악한 왕후들도 한낱 유배자임을 알게 되리로다."

보에티우스는 하늘의 신비를 명상함으로써 고요
한 평화 중에 최후를 맞게 되며, 그가 유배지에서 썼
던 『철학의 위안』은 후대에 두고두고 깊은 감동을
주었습니다.

종교 개혁자 칼빈 선생은 죽음 후의 영원에 대한
희망이 우리에게 남아 있지 않다면 우리는 부끄럽게
도 야수보다 조금도 나을 것이 없게 될 것이라고 말
했습니다. 현세의 삶은 우리를 꾈 많은 유혹을 가지
고 있고, 즐겁고 우아하며 달콤한 외양을 가진 많은
유혹을 가지고 있기 때문에 이런 것들에 사로잡히지
않도록 해야 합니다. 그래서 칼빈은 죽음을 두려워

하는 자들을 비판하였습니다. "스스로 그리스도인이라고 자랑하는 많은 사람이 죽음을 열망하기보다 죽음에 대한 큰 공포에 싸여 있어서 죽음을 언급하기조차 두려워하는 것은 기괴한 일이다." "만일 우리가 죽음을 통해 고국에 유하기 위해 망명지에서 다시 부름을 받는다고 생각한다면, 우리는 이 사실에서 위로를 얻지 않을 것인가?" 그래서 칼빈은 "죽음의 날과 마지막 부활을 기쁘게 기다리지 않는 자는 그리스도의 학교에서 진급하지 못한다"고 말하였습니다.

위엣 것을 생각하는 사람이 세상을 진정으로 사랑할 수 있습니다. 많은 재물을 가지려고 하거나 큰

권력을 가지려고 하거나 높은 명예를 가지려고 하면
우리 이웃을 진정으로 사랑하기 어렵습니다. 천상
의 비전을 가지고 이런 것들을 뜬구름처럼 여기고,
헌신짝처럼 버릴 수 있을 때, 그는 참으로 이웃을 사
랑할 수 있으며, 이 세상에서 올바른 일을 할 수 있
습니다. 우리 사회가 참으로 필요로 하는 사람들은
천상의 비전을 가진 사람, 그래서 권력이든 명예든
재물이든 움켜 잡으려고 하는 사람들이 아니라 버리
고 섬기고 나누어 주는 사람들입니다.

"하나님이 그 지으신 모든 것을 보시니 보시기에 심히 좋
았더라 저녁이 되며 아침이 되니 이는 여섯째 날이니라."

(창세기 1:31)

심히 좋은 세계

우리가 사는 지구는 정말 아름다운 곳입니다. 삼림이 우거지고 시냇물이 흐르고 토끼와 노루가 뛰놀고 화초가 만발한 곳이 지구입니다. 생명체가 있을 법한 곳이라고 하는 달이나 화성과 비교해 본다 해도 지구는 정말 아름답습니다. 아무리 많은 돈을 들여 우주를 여행한다 해도 지구 만한 곳을 찾기 어려울 것입니다. 우리는 이 아름다운 세계에 살면서도 타성에 젖어 감격을 잃고 살아가고 있는 듯합니다.

헬렌 켈러의 저작 가운데 "사흘 보기"라는 작품
이 있습니다. 앞을 볼 수 없었던 그는 하나님이 단
사흘만이라도 자기에게 볼 수 있는 시간을 준다면,
떠오르는 태양과 지는 석양을 보고 싶고, 사랑하는
이의 얼굴을 보고 싶고, 그리고 박물관에 가서 인류
의 문화 유산을 보고 싶다고 말했습니다. 헬렌 켈러
의 그 글을 읽으면, 이 아름다운 세계를 볼 수 있다
는 사실 하나만으로도 일생을 감격과 감사로 살아갈
수 있을 것 같습니다.

독일의 철학자인 라이프니츠의 저서 가운데 『신
정론』이라는 저작이 있습니다. 라이프니츠에 의하
면 하나님은 원래부터 가능했던 무한히 많은 세계들

중에서 가장 좋은 세계를 골라내어 실현시켰는데,
이는 가장 좋은 것이 하나님의 의지를 결정짓게 했
기 때문이라고 했습니다. 최고선인 하나님이 창조
한 세계이므로 이 세계는 가장 좋은 세계일 수밖에
없다는 것입니다.

　라이프니츠는 이 세계가 있을 수 있는 최선의 세
계라고 하였지만, 이 세상의 악의 문제를 간과하지
는 않았습니다. 그는 하나님이 계시다면 악은 어디
로부터 오는가 하는 문제에 대해 그 나름으로 진지
하게 다루었습니다. 하나님은 "때로는 죄에 대한 벌
로서, 또 때로는 어떤 목적을 달성하기 위한 수단으
로서, 즉 보다 더 큰 악을 저지하거나 또는 보다 더
큰 선을 실현할 수 있기 위해, 자연의 악을 원하신

다. 그리고 벌은 착하게 되는 것과 위협을 하는 데
쓸모가 있고, 악은 선이 한층 더 강하게 나타나게 하
는 데 이바지하는 때가 자주 있다. 또 악은 괴로움을
당하고 있는 자에게 완덕을 가져다 주기도 한다. 이
것은 씨앗이 싹트기 전에 썩어 버릴 위험에 내버려
져 있는 것과 같다" 하고 라이프니츠는 말했습니다.

신앙의 눈으로 보면 죽음까지도 극복할 수 있는
고난입니다. 종교 개혁자 칼빈은 생애 말년에 극심
한 병고와 씨름하면서 "하나님, 언제까지나, 언제까
지나" 하고 죽음을 기다리는 기도를 한 것으로 되어
있습니다. 칼빈은 죽음 너머에 있는 평화를 인지했
던 것 같습니다. 프랜시스가 죽음에 이르러 "자매

죽음이여, 어서 오라"고 말했을 때 그는 죽음 너머의
고요한 평화를 미리 보았던 것 같습니다.

지구를 중심으로 하는 이 세계는 이 광활한 우주
가운데 아마 최선의 세계일 것입니다. 경제적 빈곤
때문에 고통받을 때에라도 우주의 주재자와 하나가
되어 우주를 나의 우주라고 생각하고 넉넉하게 살아
간다면 그 고통은 극복할 수 있는 고통이 될 것이며,
더구나 경제적 풍요 속에 있는 사람들이 내가 가진
것이 다 하나님의 것이라고 자각하고 함께 나눌 때,
그 고통은 더 쉽게 극복될 것입니다. 정신적 고통과
육체적 질병으로 고통받을 때에라도 하나님 안에서
누릴 고요한 평화를 깨닫게 된다면 그 고통은 극복

될 수 있을 것입니다. 우리가 사흘 뒤에 앞을 볼 수
없는 흑암 속에 들어갈 사람인 양 생각하면서, 이 아
름다운 세계를 볼 수 있다는 사실 하나만으로도 하
루하루를 감격과 감사로 살아간다면, 이 세계는 우
리에게 심히 좋은 세계가 될 것입니다.

"하늘이 하나님의 영광을 선포하고 궁창이 그 손으로 하
신 일을 나타내는도다 날은 날에게 말하고 밤은 밤에게 지
식을 전하니 언어가 없고 들리는 소리도 없으나 그 소리가
온 땅에 통하고 그 말씀이 세계 끝까지 이르도다 하나님이
해를 위하여 하늘에 장막을 베푸셨도다."(시편 19:1-4)

하나님의 영광

　　루터는 『탁상 담화』에서 이렇게 말하였습니다. "우리는 지금 새 시대의 새벽에 도달하여 있다. 왜냐하면 아담의 타락으로 말미암아 상실하였던 외부세계들의 지식을 다시 회복하기 시작하고 있기 때문이다 … 하나님의 은혜로 말미암아 우리는 이미 가장 섬세한 꽃 한 송이에서조차 하나님의 선하심과 전능하심의 경이를 제대로 찾아볼 수 있다. 우리는 피조물들을 보면서 그의 말씀의 힘을 잘 깨달아 알

수 있다. 그가 명령하시니 만물이 존재하고 유지되었다. 하다못해 복숭아씨에도 그의 능력이 함께 하고 있음을 보라. 씨앗은 매우 딱딱하나, 속에 들어 있는 배종은 부드럽고 연하다. 그러나 정하신 시간이 오면 하나님께서 생명을 주신 식물을 존재케 하기 위해 씨앗의 겉껍질은 열리어져야 한다."

칼빈도 하나님은 우주의 창조 속에서 자신을 계시하신다고 말하였습니다.

"정교하게 조화와 균형을 이루고 있는 이 세계야말로 일종의 거울이요, 바로 이 거울로 달리는 볼 수 없는 하나님을 정관할 수 있다." "하나님의 놀라운 지혜를 보여 주는 증거는 하늘과 땅에 셀 수 없이 많

다. 그것은 천문학이나 의학, 또는 일체의 자연 과학
의 엄밀한 연구 대상으로 정해진 심원한 것들만이
아니라 가장 배우지 못하고 가장 무지한 자라도 보
지 않을 수 없게 제시되어 그들이 눈을 뜨기만 하면
반드시 그것들을 목격하게 되는 것들이기도 하다."

창조물 가운데서도 특히 인간의 몸은 창조주의
슬기를 잘 나타낸다고 말합니다.

"우리가 갈렌(Galen)의 노련한 기술로 인체의
관절, 균형, 미, 효용 등을 조사하기 위해서는 탁월
한 재간이 있어야 한다. 그러나 인체의 구조가 정묘
하기 때문에, 그 창조주가 당연히 놀라운 일꾼으로
판단되어야 한다는 것은 모든 사람이 인정하는 것이
다" 하고 칼빈은 말하였습니다.

폴킹혼(John Polkinghorne)은 그의 저서 『과학 시대의 하나님 신앙』에서 이렇게 말하였습니다. "내가 생각하기로는, 하나님 신앙의 근본적 내용은 우주의 역사 배후에 한 정신, 그리고 하나의 목적이 있다는 것이며, 그리고 그 분은 예배를 받으실 만하고, 희망의 근거가 되신다는 것이다." "물리학을 연구하는 학자들은 우주론에서 다루는 거대한 구조나 양자론에서 다루는 소규모의 과정을 보면서 간결하고 우아한 수학적 용어로 표현할 수 있는 놀라운 질서를 발견한다."

하나님의 영광은 자연에만 나타나는 것은 아닌 것 같습니다. 다니엘서 12장 3절에서는 "지혜 있는 자는 궁창의 빛과 같이 빛날 것이요 많은 사람을 옳은 데로 돌아오게 한 자는 별과 같이 영원토록 비취리라" 하고 말씀하셨습니다. 이 말씀을 보면 구원받은 영혼에도 하나님의 영광이 나타나며, 어쩌면 하나님은 하늘의 무수한 별 빛보다 구원받은 인간들의 영혼의 빛을 더 기뻐하는 것 같습니다. 마태복음 5장 16절에서 "이같이 너희 빛을 사람 앞에 비취게 하여 저희로 너희 착한 행실을 보고 하늘에 계신 너희 아버지께 영광을 돌리게 하라"고 말씀하셨습니다. 구원받은 영혼의 영광의 빛은 사람들로 하여금 하나님께 영광을 돌리게 하는 것입니다.

요컨대 우리는 하나님의 영광을 위해서 살아야

합니다. 이것이 우리를 향한 창조주 하나님의 뜻이
기 때문입니다. 우리는 세상에 나타난 하나님의 영
광을 보고 하나님께 영광을 돌리고, 우리를 통해 하
나님의 영광이 나타나게 하고, 세상이 우리의 선한
삶을 보고 하나님께 영광을 돌리게 해야 합니다.

"구하라 그러면 너희에게 주실 것이요 찾으라 그러면 찾
을 것이요 문을 두드리라 그러면 너희에게 열릴 것이니
구하는 이마다 얻을 것이요 찾는 이가 찾을 것이요 두드
리는 이에게 열릴 것이니라." (마태복음 7:7-8)

기도의 힘

    종교 개혁자 루터는 만인 사제설이라는 교리를 가르쳤다고 흔히들 말합니다. 그러나 이것은 잘못된 번역입니다. 루터는 모든 사람이 사제라고 한 것이 아니라 모든 믿는 자가 사제라고 말했습니다. 그래서 이 말을 정확하게 번역하면 만신자 사제설이 될 것입니다. 루터에게는 믿음이 중요했습니다. 하나님을 믿는 것은 하나님에 대한 최고의 존경이며, 하나님을 불신하는 것은 하나님에 대한 최대의 멸시입니다. "모든 그리스도인은 그 나름으로 그리스도 안에서 기도하고 하나님께 다가간다" 하고 루터는 말했습니다. 그런데 그리스도인은 자기 자신을 위해서만 기도하는 것이 아니라 타인을 위해 기도하는 사람입니다. 루터는 "우리는 사제들로서 다른 사람들을 위해 기도하고 신적인 일들을 서로 가르치기 위해 하나님 앞에 나타날 자격이 있다" 하고 말했습니다. 기도하는 것은 하나님을 하나님 되게 하는 것입니다. 기도하는 것은 하나님을 기도의 대상으로 인정하는 것이며, 기도를 들어주실 능력자이심을 믿는 것이기 때문입니다. 믿음과 함께 기도는 하나님에 대한 최고의 존경의 표현입니다. 믿음의 기도는 역사하는 힘이 많습니다.

조지 뮬러는 교회 역사에 있어서 대표적인 기도의 사람으로 알려져 있습니다. 그는 아무 것도 가진 것 없이 2,100명의 고아들을 매일 먹이고, 189명의 선교사들을 보조하고, 100여 개의 학교의 9천명의 학생들에게 전액 장학금을 지급하고, 연간 4백만 부의 전도지와 수만 권의 성경을 배포해야 했지만, 한 번도 누구에게 부탁하지 않고 기도만 했으나 하나님이 부족함 없이 채워 주셨다고 합니다. 그는 이렇게 말했습니다. "하나님의 도움을 신뢰하고 기대하면서 기도에 전념하면 그분의 때에 그분의 방법대로 분명히 응답해 주시는 분이시다." 하나밖에 없는 딸이 심한 중병에 걸렸다가 나았을 때 그는 이렇게 썼습니다. "하늘에 계신 아버지께서 그 정하신 경륜을 따라 일하시면서 '이 아이를 내게 바칠 각오가 되어 있느냐?' 고 물으셨다. 내 마음은 잠잠히 대답했다. '하늘에 계신 내 아버지여, 당신께 좋기만 하다면 뜻 대로 하옵소서.' 우리의 마음이 이 아이를 주신 분께 다시 돌려 드릴 마음의 자세가 되어 있었을 때 하나님은 이 딸을 다시 우리에게 남겨 두셨다."

종교 개혁자 칼빈은 하나님이 모든 것을 다 알고 계시기 때문에 기도할 필요가 없다고 하는 것은 큰 잘못이라고 말했습니다. 그에 의하면 우리는 필요 할 때 기도함으로써 겸손해지고, 기도한 것을 받을 때 감사하게 되고, 기도함으로써 하나님과 계속 교제할 수 있습니다. 하늘 아버지 곁에 우리를 위해 저

장해 놓은 보물을 파내는 방편이 기도라고 칼빈은
말했습니다.

　　한 복음송가의 가사대로 "기도할 수 있는데 왜
걱정하십니까?" 또 다른 복음송가의 가사대로 "네
가 홀로 외로워서 마음이 무너질 때 누군가 널 위해
기도하네." 기도할 수 있고, 또 나를 위해 기도할 사
람이 있으면 이는 큰 복입니다. 더욱이 다른 사람을
위해 기도한다는 것은 더 큰 복입니다.

"내가 그리스도를 본받는 자 된 것 같이 너희는 나를 본받는 자 되라." (고린도전서 11:1)

그리스도를 본 받아

토마스 아 켐피스의 『그리스도를 본받아』는 중세 교회 뿐만 아니라 종교 개혁자들에게도 큰 영향을 미쳤습니다. 특히 종교 개혁자 칼빈은 이 책으로부터 많은 영향을 받았습니다. 『그리스도를 본받아』에서는 이렇게 말합니다. "하나님을 사랑하는 일에 위대한 사람이 진실로 위대한 사람입니다. 스스로 겸손한 마음을 가지고 이 세상의 어떠한 명예나 영화도 중히 여기지 않는 사람이 참으로 위대한 것입니다." "참되고 영원한 평화는 겸손한 사람의 마음속에 함께 있지만 교만한 사람의 마음속에는 항상 시기와 질투가 가득 차 있을 뿐입니다." "해마다 한 가지씩 우리의 결점을 고쳐 나간다면 머지않아 우리는 완전한 사람이 될 수 있을 것입니다. 그러나 이와는 달리 처음 종교 생활을 시작했을 때보다 더 선하고 순결해지기 보다는 해를 거듭할수록 더 나빠지고 순결과 선함마저 잃어버리게 되는 것은 이 얼마나 애통한 일입니까?" "영원한 생명과 참된 내적 평화를 얻는 길은 십자가의 길과 날마다 자기를 부정하는 생활 이외에는 없는 것입니다." "시련을 통하여 좀더 겸손하게 되고 마침내 당신 자신을 전적으로 하나님께 순종하도록 하시기 위함인 것입니다." "당신은 날마다 죽는 생활을 해야 한다는 것을 명상하십시오. 또한 우리의 자아가 죽으면 죽을수록 하나님께 대해서는 더욱 살게 된다는 것을 기억하시기 바랍니다. 그리스도를 위하여 수많은 역경을 감내하고 자기 자신을 순종시키지 않는 한 어느 누구도 하늘의 일들을 이해하지 못할 것입니다. 그리스도를 위하여 즐겁게 고난을 받는 일처럼 하나님께 영광이 되고 자기 자신에게 유익한 일은 없습니다." "이렇게 함으로써 당신은 더욱 그리스도께 가까워지며 또 그 분의 본을 받을 수 있기 때문입니다."

칼빈은 하나님의 형상 혹은 그리스도의 형상에 대해 거울의 이미지를 사용하기도 하고 조각의 이미지도 사용하기도 하였습니다. 거울의 이미지는 매

우 인상적입니다. 우리가 거울 앞에 서 있을 때 우리의 얼굴 형상이 거울에 비칩니다. 그러나 우리가 거울에 등을 돌릴 때 우리의 얼굴 형상은 사라집니다. 거울의 이미지를 사용한다면, 우리가 하나님을 바라볼 때, 우리가 그리스도를 바라볼 때, 우리 안에 하나님의 형상이, 그리스도의 형상이 나타날 것입니다. 그러나 우리가 하나님을 떠날 때, 우리가 그리스도를 떠날 때 우리에게는 하나님의 형상도 사라질 것입니다.

　호손(Nathaniel Hawthorne)의 유명한 작품인 『큰 바위 얼굴』을 보면 큰 바위 얼굴은 거부인 개더골드나 대단한 장군인 올드 블러드 앤드 선더나 대통령 후보인 유명한 정치가 올드 스토니 피즈를 통해 나타나는 것이 아니라, 바로 그 큰 바위 얼굴을 바라보면서 그 큰 바위 얼굴을 사모하던 한 평범한 전도사인 어니스트를 통해 나타납니다. 큰 바위 얼굴은 저 멀려 있는 것이 아니라 바로 그 곁에서 그를 우러러보고 기대하는 자들 가운데 나타나는 것입니다.

사도 바울은 내가 그리스도를 본받는 사람인 것과 같이 여러분은 나를 본받는 사람이 되시오 하고 말했습니다. 한국에 천만 여명의 그리스도인이 있다고 합니다. 이들 그리스도인들이 바울처럼 그리스도를 본받으려고 노력하고, 그리고 바울처럼 자신 있게 내가 그리스도를 본받는 것같이 나를 본받으라고 말할 수 있을 때, 우리 사회는 훨씬 더 평온하고 아름다운 사회가 될 것입니다.

"나는 너희에게 이르노니 너희 원수를 사랑하며 너희를 핍박하는 자를 위하여 기도하라. 이같이 한즉 하늘에 계신 너희 아버지의 아들이 되리니 이는 하나님이 그 해를 악인과 선인에게 비취게 하시며 비를 의로운 자와 불의한 자에게 내리우심이니라." (마태복음 5:44-45)

창조적인 사랑

마틴 루터 킹 목사의 "사랑의 힘"이라는 설교집이 있습니다. 그는 거기서 이렇게 말합니다. "우리를 감옥에 넣어보십시오. 그래도 당신을 사랑할 것입니다. 한 밤중에 복면을 한 폭도들을 우리가 사는 지역에 보내서 우리를 치고, 거의 죽을 지경에 이르게 해 보십시오. 그래도 우리는 당신을 사랑할 것입니다. 그러나, 우리가 고통을 견디는 능력에 의해서 당신들을 이길 것이라는 사실을 명심하십시오. 어느 날, 우리는 자유를 얻을 것이고, 그것은 우리 자신만의 것이 아닐 것입니다. 우리들은 당신의 가슴과 양심에 호소하여 언젠가는 당신을 이길 것이고, 우리의 승리는 두 곱의 승리가 될 것입니다."

서두에 인용한 성경 본문은 예수님의 산상 설교에 나오는 말씀입니다. 구약 성경 잠언 25장에도 이 비슷한 말씀이 나옵니다. "네 원수가 배고파하거든 먹을 것을 주고 목말라하거든 마실 물을 주라. 이렇게 하는 것은, 그의 낯을 뜨겁게 하는 것이며 주님께서 너에게 상으로 갚아 주실 것이다." 사도 바울이 쓴 로마서 12장에도 이 비슷한 말씀이 나옵니다. "'네 원수가 주리거든 먹을 것을 주고, 그가 목말라

하거든 마실 것을 주어라. 그렇게 하는 것은, 네가
그의 머리 위에 숯불을 쌓는 셈이 될 것이다 하였습
니다. 악에게 지지 말고, 선으로 악을 이기십시오."
이 말씀이 잠언, 예수님, 사도 바울로 이어지는 것을
보아 성경의 중심 사상 가운데 하나라고 말할 수 있
을 것입니다.

스웨덴의 저명한 신학자인 안더스 니그렌의 저
서로 『아가페와 에로스』라는 유명한 책이 있습니
다. 그는 이 책에서 서양의 사상사를 아가페와 에로
스로 정리했습니다. 니그렌에 의하면 플라톤, 아리
스토텔레스, 플로티누스 같은 철학자들은 에로스를
가르쳤으나, 예수님, 바울, 요한은 아가페를 가르쳤

습니다. 에로스는 가치 있는 것에 대한 사랑이며, 그 래서 조건적인 사랑입니다. 그러나 아가페는 가치 없는 것에 대한 사랑이며, 그래서 무조건적 사랑입 니다. 에로스는 자기 중심적 사랑이지만, 아가페는 가치 없는 것을 가치 있게 하는 창조적 사랑입니다. 에로스는 저 높은 곳을 향해 올라가는 상승 운동입 니다. 그러나 아가페는 저 낮은 곳을 향한 하강 운동 입니다. 하나님이 나같은 죄인을 사랑하는 사랑이 바로 아가페입니다.

종교 개혁자 루터는 "두 종류의 의"라는 설교에 서 그리스도인을 세 부류로 나눈 적이 있습니다. 첫 째는 관리에게 자기가 받은 손해에 대해 복수나 판

결을 내려줄 것을 요구하는 사람들이 있습니다. 둘째는 "복수를 바라지 않는 자들이 있습니다. 반대로 그들은 복음서에 따라서 속옷을 취하고자 하는 자들에게 겉옷도 줄 준비가 되어 있으며 어떤 악에도 대항하지 않습니다. 이들은 하나님의 아들들이며 그리스도의 형제들이며 장래 축복의 상속자들입니다." 셋째는 사고 관념에서는 둘째 유형과 같으나 실천에서는 그들과 같지 않은 자들이 있습니다. "그들은 자기들의 소유를 반환하기를 요구하거나 그것에 상응하는 처벌을 요구하는 자들입니다만, 그들이 이렇게 하는 것은 자기들의 유익을 구해서가 아니라 자기들의 소유에 대한 처벌이나 배상을 통해 훔치거나 피해를 준 자의 개선을 구해서입니다."

기독교의 상징은 십자가입니다. 십자가의 자기 희생적 사랑이 없는 기독교인은 기독교인이라 할 수 없습니다. 기독교의 사랑은 죄인을 사랑하여 의인 으로 변화시키는 창조적인 사랑입니다.

"육체의 일은 현저하니 곧 음행과 더러운 것과 호색과 우상 숭배와 술수와 원수를 맺는 것과 분쟁과 시기와 분냄과 당 짓는 것과 분리함과 이단과 투기와 술 취함과 방탕함과 또 그와 같은 것들이라 전에 너희에게 경계한것 같이 경계하노니 이런 일을 하는 자들은 하나님의 나라를 유업으로 받지 못할 것이요 오직 성령의 열매는 사랑과 희락과 화평과 오래 참음과 자비와 양선과 충성과 온유와 절제니 이같은 것을 금지할 법이 없느니라." (갈라디아서 5:19-23)

사랑과 욕망

초대 교회의 교부인 아우구스티누스는 사랑
(Caritas)과 욕망(Cupiditas)을 대조시켰습니다. 카
리타스는 위로 향하는 사랑인데 반해 쿠피디타스는
아래로 향하는 사랑입니다. 카리타스는 하나님에
대한 사랑인데 반해 쿠피디타스는 세상에 대한 사랑
입니다. 카리타스는 영원한 것에 대한 사랑인데 반
해 쿠피디타스는 일시적인 것에 대한 사랑입니다.
아우구스티누스에 의하면 인간은 영혼과 육체로 구

성되어 있기 때문에 불가피하게 이 두 사랑 사이에 갈등을 느낍니다. 인간이 영적인 존재로 카리타스 안에 있을 때 그는 창조주를 향해 비상할 수 있습니다.

그러나 인간이 육적인 존재로 쿠피디타스 안에 있을 때, 낮은 차원의 세계에 침작할 수밖에 없습니다. 인간의 영혼은 영원한 것을 향해 비상하고 거기서 행복을 찾으려고 하지만 인간의 육체적 본능은 지상적이고 일시적인 것에 주저앉게 하고 영혼의 비상을 방해 합니다. 아우구스티누스에 의하면 인간은 카리타스와 쿠피디타스 사이에 선택해야 합니다. 인간은 자기가 사랑하는 대상으로부터 영향을 받기 때문에 이 선택은 매우 중요합니다. 인간은 자기가 사랑하는 대상과 같아집니다. 우리는 하나님을 사랑함으로써 하나님처럼 거룩해질 수도 있고 땅의 것을 사랑함으로써 더럽혀질 수도 있습니다. 인간은 카리타스 안에서 영원한 것을 향해 올라갈 때 영원으로 충만해집니다. 그러나 쿠피디타스 안에서 일시적인 것들에 빠진다면 인간은 자기보다 못한 저질적인 것들로 채워집니다.

스티븐슨(R. L. B. Stevenson)의 작품 『제킬박사와 하이드 씨』(Dr. Jekyll and Mr. Hyde)는 이런 인간의 모습을 잘 그려줍니다. 제킬 박사는 의학박사, 민법학 박사, 법학 박사, 영국 학사의 회원입니다. 그러나 그는 속에 욕망을 가지고 있습니다. 그는 변신할 수 있는 약을 발명하여 그 약을 먹고 아이드

씨로 변신하여 살인을 하는 등 자기의 욕망에 따라
나쁜 일들을 저지릅니다. 그리고는 다시 환원하는
약을 먹고 제킬 박사로 돌아옵니다. 그러나 하이드
로 변신하는 약물이 몸에 축적됨에 따라 약을 먹지
않는데도 하이드 씨로 변신하게 됩니다. "처음에는
제킬의 몸을 벗어나는 것이 어려웠는데 요새 와서는
점차로, 그러나 결정적으로 그 반대, 즉 하이드의 모
습을 빠져나오는 것이 어렵다는 것을 알게 되었다.
그리하여 모든 것은 다음과 같은 결론에 귀결되는
듯 하였다. 즉, 나는 본래의 착한 본성을 잃어버리
고, 제2의 사악한 쪽으로 만들어지고 있다는 것이
다." '내가 잠들었을 때나, 혹은 약효가 떨어져 갈
때… 이유 없는 증오로 끓어 오르는 영혼과, 이처럼

미처 날뛰는 생명의 에네르기를 억제할 힘도 없어
보이는 육체를 가지게 되는 것이다. 제킬이 병들어
감에 따라 하이드의 힘은 점점 커지는 것 같았다."
그는 마침내 하이드로 변한 채 죽어 갑니다.

갈라디아서에서 말씀한 것처럼 인간은 육체의
욕망을 따름으로 육체의 열매를 거둘 수도 있고, 성
령을 따름으로 성령의 열매를 거둘 수도 있습니다.
인간은 선택의 기로에 서 있습니다. 영원한 것을 향
해 나아감으로 천사와 같은 존재가 될 수도 있고, 욕
망의 노예가 됨으로 악마와 같은 존재가 될 수도 있
습니다.

"그가 찔림은 우리의 허물을 인함이요 그가 상함은 우리
의 죄악을 인함이라 그가 징계를 받음으로 우리가 평화를
누리고 그가 채찍에 맞음으로 우리가 나음을 입었도다 우
리는 다 양 같아서 그릇 행하여 각기 제 길로 갔거늘 여호
와께서는 우리 무리의 죄악을 그에게 담당시키셨도다."

(이사야 53:5-6)

대속의 고난

부활절 이전 40일을 사순절(Lent)이라고 합니다. 부활절은 춘분 후 첫 만월 후 주일에 지키게 됩니다. 사순절은 부활절 이전 40일인데, 그 중 주일은 제외합니다. 그래서 7주전 수요일부터 시작됩니다. 사순절이 시작되는 수요일은 재를 뿌리고 회개한다고 하여 성회 수요일(Ash Wednesday)이라고 합니다.

사순절은 주님의 고난을 명상하는 기간입니다.

위에 인용된 말씀은 "고난의 종의 노래" 의 한 부분
인데, 유대인들이 바빌로니아로 포로로 잡혀 갔을
때 주신 말씀입니다. 바빌로니아로 잡혀 간 사람들
은 하나님을 믿는 우리가 왜 포로가 되어 고난을
당하는가 하고 묻게 되었습니다. 그 때 예언자가
나타나서 우리가 당하는 고난은 인류를 위한 대속
의 고난이라고 가르친 것 같습니다. 그들이 포로가
되어 세상에 흩어짐으로써 세상에 하나님의 뜻을
가르치고 세상을 구원하는 길이 열리게 되었다는
것입니다.

　신약 성경에서는 그리스도를 고난의 종으로 묘
사하였습니다. 그리스도께서 십자가에서 죽으심으
로써 우리의 죄를 대속하고 우리를 구원하셨다는 것

입니다. 그 후 교회에서는 매주일 성찬식을 통하여 그리스도의 고난을 기념하였습니다. 그래서 초대 교회에서는 성찬식을 희생 제사로 보았습니다. 어거스틴은 성찬을 희생 제사로 보는 전통적인 생각을 이어받았습니다. 그러나 그는 그 사상을 심화시켰습니다. 성찬은 그리스도를 제물로 바치는 희생 제사입니다. 그런데 어거스틴은 머리이신 그리스도를 바치는 순간 그리스도의 지체인 우리 자신도 함께 희생 제사를 드리는 것으로 해석하였습니다. 성찬이 주님과 함께 우리를 희생 제물로 바치는 성례라고 한다면 성찬에 참여한 우리들은 주님처럼 다른 사람들을 위해 희생해야 하는 것입니다. 우리는 우리 이웃의 허물을 인하여 찔림을 받아야 하며, 우리 이웃의 죄악을 인하여 상함을 받아야 합니다. 우리가 징계를 받음으로 우리 이웃에게 평화를 주고 우리가 채찍에 맞음으로 우리 이웃에게 치유를 베풀어야 합니다.

종교 개혁자 칼빈은 우리가 성찬식에 참여할 때, 성령 하나님께서 하늘에 계신 그리스도와 우리를 연결시켜서 놀라운 교환이 일어난다고 하였습니다. 우리가 가진 죄되고 약한 것은 주님이 가져 가시고 주님의 거룩함과 불명성은 우리에게 전달된다고 하였습니다. 우리가 성찬에 참여하여 하늘에 계신 주님을 바라볼 때 우리는 주님과 연합하게 되고 우리 안에 놀라운 교환이 이루어지는 것입니다. 우리의 죄된 요소는 제거되고 주님의 거룩하심을 지니게 되는 것입니다.

　사순절은 우리의 죄를 회개하는 기간이고 그래서 우리가 정화되는 기간입니다. 이 기간에 점도 흠도 없는 새 사람으로 다시 태어납시다.

3

가정의 신성성

감사의 비결

우리 가운데 계신 하나님

거룩한 공회

성도의 교제

양심을 인하여

법의 정신

전쟁과 평화

"이러므로 사람이 그 부모를 떠나서 그 둘이 한몸이 될
찌니라 이러한즉 이제 둘이 아니요 한몸이니 그러므로
하나님이 짝지어 주신 것을 사람이 나누지 못할찌니라
하시더라."(마가복음 10:7-9)

가정의 신성성

루터는 종교의 개혁가 뿐만 아니라 가정의 수호
자였습니다. 많은 종교들이 독신으로 지내는 성직
자들에 비해 결혼한 사람들을 낮게 평가하는 경향을
가지고 있습니다. 그러나 루터는 독신보다 결혼을
더 높이 평가하였습니다. "결혼을 부끄러워하는 사
람은 누구든지, 인간이 되는 것을 부끄러워" 하는 것
이라고 그는 말했습니다.

루터는 육체와 감각 그리고 육욕의 타락성을 부

인하였습니다. 생육하고 번성하라는 것은 창조주 하나님의 명령이며, 결혼을 비방하고 수치스럽게 만든 자는 악마이므로, 사람은 악마와 그의 세상을 거부하고 반대하기 위해 결혼을 해야 한다고 루터는 역설했습니다.

루터는 인간의 성적 욕구를 신적 힘이라고 보았습니다. "하나님은 남편과 아내의 성적 결합을 가장 기뻐하신다" 하고 루터는 말했습니다. 그러나 그 성적 사랑의 대상은 이 세계에 하나밖에 없습니다. 이 세상에 수많은 여성들이 있지만 즐거운 양심으로, 즉 양심의 가책 없이 사랑할 수 있는 여성은 단 한 사람, 아내밖에 없다고 루터는 말했습니다.

　　루터는 까다로운 배우자를 둔 사람들에게 그것
을 하나님의 나라에 들어가기에 합당한 자로 정화
시키고 성숙시키는 하나님의 뜻으로 받아들일 것을
권면했습니다. 또한 그는 병들어 의무를 다할 수 없
는 배우자를 둔 사람들에게 병든 배우자 안에 계신
주님을 섬기면서 선한 기쁨을 기다리라고 권고했습
니다.

　　하나님은 세상이 사람들로 가득 차도록 결혼 제
도를 제정하였습니다. 그래서 결혼 생활에서 최대
의 선, 즉 모든 고통과 노력을 가치 있는 것으로 만
드는 것은 후손을 낳아 그들이 하나님을 예배하고
섬기도록 양육하는 것이라고 루터는 말했습니다.

자녀들은 부모를 공경해야 합니다. 부모를 공경하
는 것은, 하나님을 공경하는 것과 마찬가지로, 부모
를 사랑하는 것과 함께 두려워하는 것을 포함합니
다. 두려움이 없는 사랑이 있어서도 안 되며, 사랑
이 없는 두려움이 있어서도 안 된다고 루터는 말했
습니다.

사회학자들의 분석에 따르면 우리나라의 가정은
급속히 붕괴되고 있습니다. 2001년 한 해 동안 32만
쌍이 결혼하고 13만 5천 쌍이 이혼했습니다. 이혼율
이 42%이며, 이것은 미국, 영국 다음으로 세 번째입
니다. 다른 한편 독신 가정이 급속히 늘어나고 있습
니다. 출산율은 세계 최저입니다. 이렇게 가정의 위

기를 맞고 있는 이 시점에 우리는 루터의 가정관을

깊이 음미해 볼 필요가 있습니다.

"항상 기뻐하라 쉬지 말고 기도하라 범사에 감사하라 이는
그리스도 예수 안에서 너희를 향하신 하나님의 뜻이니라."

(데살로니가전서 5:16-18)

감사의 비결

이 성서 말씀은 이해하기 쉬운 말씀이 아닙니다. 인간이 살다 보면 기쁜 일을 만날 때도 있고 슬픈 일을 만날 때도 있는데, 어떻게 항상 기뻐할 수 있겠습니까. 또한 감사할 일도 있지만 불평하고 원망할 일도 있는데, 어떻게 모든 일에 감사할 수 있겠습니까.

하박국 3장 17~18절에서는 이렇게 말씀합니다. "비록 무화과나무가 무성치 못하며 포도나무에 열매가 없으며 감람나무에 소출이 없으며 밭에 식물이

없으며 우리에 양이 없으며 외양간에 소가 없을지라
도 나는 여호와를 인하여 즐거워하며 나의 구원의
하나님을 인하여 기뻐하리로다." 이 말씀을 보면 이
예언자는 도저히 감사할 수 없는 상황 가운데서 즐
거워하고 기뻐하는 것을 볼 수 있습니다. 그것은 하
나님에 대한 신앙 때문입니다. 이 예언자가 분명히
슬퍼하고 불평할 상황에 있음에도 불구하고 즐거워
하고 기뻐한다고 한 것을 보면 우리가 항상 기뻐할
수 있고 모든 일에 즐거워할 수 있는 가능성이 열려
있습니다.

　현대 신학의 아버지라 일컬어지는 쉴라이에르마
허는 종교는 영원을 느끼며 맛보는 것이라고 말하였

습니다. 유한의 한 가운데서 무한으로 더불어 하나
가 되는 것, 순간 순간마다 영원을 맛보며 사는 것이
신앙의 진수입니다. 하나님과 하나되는 놀라운 체
험을 한 사람에게는 이 세상의 모든 일이 덧없는 것
이며, 그 체험 때문에 이 세상의 불행에도 불구하고
항상 기뻐할 수 있으며 모든 일에 감사할 수 있는 것
입니다. 종교는 본래 사람들에게 절대자와의 만남
을 통해 신적 감동 또는 "황홀경"을 체험하도록 해
주는 것입니다. 종교는 세상이 줄 수 없는 놀라운 기
쁨을 주는 것입니다. 종교가 사람들에게 이런 기쁨
을 주지 못하므로 현대의 많은 젊은이들이 약물로
황홀경(Ecstasy)을 체험하려고 하는 것은 안타까운
일이 아닐 수 없습니다.

초대 교회의 교부인 바실은 운명이나 우연이라
는 말은 신앙인의 말이 아니라고 했습니다. 평범한
눈으로 보기에 운이나 우연으로 보이는 것도 깊은
신앙의 눈으로 보면 나를 위한 하나님의 섭리일 수
있습니다. 종교 개혁자 칼빈은 이 세상에서 일어나
는 모든 일은 하나님의 부성적 사랑의 표현이거나
심판의 표현이라고 말했습니다. 하나님의 섭리는
그의 백성들에게 인내를 가르치고 그들의 악한 감정
을 교정하고 욕망을 길들이고 자기 부인을 실천하게
하고 나태에서 분발하게 하는 것입니다. 그래서 신
앙인은 기쁜 일, 슬픈 일, 즐거운 일, 화나는 일, 이
모든 일에서 나의 신앙과 인격을 성숙시키려는 하나
님의 섭리를 발견하고 감사할 수 있는 것입니다. 그

래서 칼빈은 섭리에 대한 무지는 모든 불행 중 최고
의 불행이며 최고의 행복은 섭리를 인식하는 데 있
다고 말했습니다.

　이 추수와 감사의 계절에 풍부한 수확에 대해서
만 감사하는 것이 아니라, 보잘것없는 수확에 대해
서도 감사할 수 있는 감사의 비결을 배웁시다. 그런
감사의 비결은 하나님과의 만남과 하나님의 섭리에
대한 신앙에 있습니다.

"말씀이 육신이 되어 우리 가운데 거하시매 우리가 그 영
광을 보니 아버지의 독생자의 영광이요 은혜와 진리가 충
만하더라." (요한복음 1:14)

우리 가운데 계신 하나님

대림절과 성탄절을 맞은 이 12월에 하나님이 인간이 되셨다는 기독교의 진리를 다시 한 번 생각해 보았으면 좋겠습니다. 교회에서는 예수님이 하나님이라고도 말하고 또 하나님의 아들이라고도 말합니다. 그래서 이 문제를 가지고 질문하는 사람들을 만날 수 있습니다. 하나님이면 하나님이고 하나님의 아들이면 하나님의 아들이지 하나님도 되고 하나님의 아들도 된다는 것은 이해하기 쉽지 않습니다. 그

래서 초대 교회에서는 이 문제로 수 백년 간 논쟁을
벌이고 마침내 결론에 이르렀습니다. 그러나 그 긴
논쟁과 결론을 잘 이해하지 못하기 때문에 지금도
이단 시비가 그치지 않는 것입니다.

우선 하나님은 한 분이시지만 그 한 분 하나님 안
에는 세 위격이 있습니다. 이것을 삼위 일체론이라
고 합니다. 17세기 남아메리카의 선교사 성자인 클
라베르(Pedro Claver)는 노예로 잡혀 온 흑인들에게
삼위 일체론을 가르칠 때 손수건을 접어 삼각형을
만들어 가르쳤습니다. 삼각형은 하나이지만 각은
세 개가 있는 것처럼, 하나님은 한 분이시지만 세 위
격이 있다는 것이었습니다. 그 세 위격은 성부 하나
님과 성자 하나님과 성령 하나님입니다.

　　그래서 우리가 하나님이라고 말할 때 넓은 의미
로도 말하고 좁은 의미로도 말하게 됩니다. 넓은 의
미로 말할 때는 성부, 성자, 성령 삼위 일체 하나님
을 가리킵니다. 좁은 의미로 말할 때는 성부 하나님
을 가리킵니다. 그래서 넓은 의미로 하나님을 말할
때 예수님은 하나님이 됩니다만 좁은 의미로 하나님
을 말할 때 예수님은 하나님의 아들이 됩니다.

　　16세기에 이단으로 화형을 당한 세르베투스
(Servetus)는 삼위 일체론을 부정했습니다. 그는 삼
위 일체를 주장하면 하나님을 지옥에 있는 괴물로
만드는 것이라고 주장했습니다. 지옥문에는 몸은
하나인데 머리가 셋인 괴물이 있다고 합니다. 이에
대해 삼위 일체를 주장하는 사람들은 몸 하나에 머

리 셋이 있는 동물은 괴물이지만, 잎줄기 하나에 잎
이 셋이 있는 식물인 크로바는 괴물이 아니듯이, 영
이신 하나님은 삼위 일체로 계셔도 문제될 것이 없
다고 대답합니다. 다음으로 또 어려운 문제는 예수
님이 하나님도 되고 인간도 된다고 하는 교회의 가
르침입니다. 하나님이면 하나님이고 인간이면 인간
이지 하나님도 되고 인간도 된다는 것은 역시 이해
하기 쉽지 않습니다. 종교 개혁자 칼빈은 성자 하나
님은 하늘을 떠나지 않고 마리아의 태중에 잉태되었
다고 말했습니다. 성자 하나님은 무소부재(無所不
在)하시면서 나사렛 예수 안에도 계셨다는 것입니
다. 이것이 전통적인 기독론입니다.

　하나님은 영원 전부터 성부, 성자, 성령, 삼위 일

체 하나님으로 계셔 오셨습니다. 그 삼위 일체 중 한 위격인 성자가 무소부재하시면서 인간 예수 안에도 계셨습니다. 성탄절은 그 하나님이면서 인간이신 예수님이 인류를 위해 탄생하신 날입니다. 예수님은 영원한 하나님도 되시기 때문에, 우리 인류가 가야 할 길이시고, 우리 인류가 알아야 할 진리이시고, 우리 인류의 영원한 생명이십니다. 예수님은 영원한 하나님, 영원한 생명이시기 때문에 예수님과 함께 하는 사람은 영원한 생명을 지금 여기서 가지고 있는 것입니다.

이 성탄의 계절에 우리 가운데 오신 주님을 내 속에 오신 주님으로 영접하여 영원한 생명을 향유하십시다.

"교회는 그의 몸이니 만물 안에서 만물을 충만케 하시는
자의 충만이니라."(에베소서 1:23)

거룩한 공회

기독교의 보편적인 신앙 고백인 사도 신경에는 "거룩한 공회"라는 말이 있습니다. 그런데 여기에 나오는 "공회"가 무엇을 의미하는지를 잘 모르는 교인들이 의외로 많습니다. "거룩한 공회"는 영어로 "Holy Catholic Church"입니다. 그래서 이 말은 "거룩한 카톨릭 교회"라는 뜻이 되며, 또 한자로 쓰면 "聖公會"가 됩니다. 장로 교회, 감리 교회 등 많은 교회들이 매 주일 카톨릭 교회를 믿는다거나 성

공회를 믿는다고 고백하는 것은 다소 의아스럽습니
다. 그러나 이 신경은 교회가 분열되기 이전인 2세
기부터 형성되기 시작해서 8세기에 완성된 것입니
다. 그래서 여기에는 교파 관념이 없습니다. 카톨릭
이라는 말은 희랍어에서 유래한 합성어로 "전체를
따른" 혹은 "전체적인" 이라는 뜻입니다. 한 지역에
서 발생한 이단 분파와는 달리 세계적인 교회라는
뜻입니다.

그래서 초대 교회의 교부인 키프리아누스는 교
회의 일치를 강조하였습니다. 통으로 짠 그리스도
의 옷은 교회의 일치를 상징합니다. 그래서 "교회를
찢고 나누는 사람은 그리스도의 옷을 가질 수 없다"
하고 그는 말하였습니다. 아우구스티누스도 교회의

일치를 강조하였습니다. "그리스도인의 일치성을 포용하지 않는 사람이 그리스도인의 사랑을 고백한다면 거기에 무슨 진실성이 있겠는가" 하고 그는 반문하였습니다. 또한 "자기 형제들에 대한 증오에 의해 눈이 어두워지지 않은 사람은 아무도 분열을 만들지 않을 것이다" 하고 말하였습니다. 칼빈은 교회의 일치를 논하는 자리라면 열 개의 바다를 건너서라도 참여하겠다고 교회 일치에 대한 강한 의지를 피력하였습니다.

또한 키프리아누스는 교회를 어머니로 가지지 않으면 하나님을 아버지로 가질 수 없다고 말하였습니다. 루터도 교회는 말씀을 통해 우리를 낳고 양육

하는 어머니라고 말하였습니다. 칼빈도 어머니인
교회가 우리를 태 속에 품고 낳고 그의 가슴 속에서
우리를 기르고 마침내 우리가 가사적인 육체를 벗고
천사들처럼 될 때까지 그의 지킴과 지도 아래 우리
를 보호하지 않는다면 생명으로 들어갈 다른 길이
없다고 말하였습니다.

　이들 신학자들이 말한 것처럼 교회는 어머니입
니다. 우리가 어머니에게서 태어나는 것처럼 교회
에서 말씀과 세례에 의해 중생, 즉 새로운 삶으로 태
어나는 것입니다. 그리고 우리가 어머니의 젖을 먹
고 자라나는 것처럼 교회에서 말씀과 성찬에 의해
날마다 거룩함에 있어서 자라가는 것입니다. 우리
는 교회 안에서 말씀을 듣고 깨우침을 받고 변화를

믿음으로 하나님이 거룩하신 것처럼 거룩해지기 위해 날마다 노력하는 것입니다. 그리고 우리는 하나님이 완전하신 것처럼 완전해지기 위해 날마다 완전을 향해 나아가는 것입니다.

교회는 단일한 그리스도의 몸입니다. 교회는 만물 안에서 만물을 신의 충만한 거룩함으로 거룩하게 하는 신적 몸입니다. 교회 안에서 말씀을 통해 나는 거룩해질 수 있습니다. 당신도 거룩해질 수 있습니다. 우리가 거룩해질 수 있습니다. 온 세계가 거룩해질 수 있습니다. 이 우주가 신의 거룩한 영광으로 가득차는 것이 신의 뜻입니다.

"믿는 무리가 한 마음과 한 뜻이 되어 모든 물건을 서로 통용하고 제 재물을 조금이라도 제 것이라 하는 이가 하나도 없더라." (사도행전 4:32)

성도의 교제

교회에서 매 주일 외우는 신앙 고백으로 사도 신경이 있습니다. 이 사도 신경에는 "성도가 서로 교통하는 것"이라는 말이 나옵니다. 이 구절을 라틴어로 보면 'communio sanctorum'입니다. 이 말은 여러 가지로 해석할 수 있습니다. 첫째로, 성도들의 교제, 즉 성도들이 서로 교통한다는 뜻으로 해석할 수 있습니다. 둘째로, 성인들에 대한 관계, 즉 성인들과 관계를 가진다는 뜻으로 해석할 수 있습니다.

셋째로, 거룩한 것들에 대한 참여, 즉 성사(聖事)나 성물(聖物)에 참여하는 것으로 해석할 수 있습니다.

중세 교회에서는 두 번째와 세 번째의 해석을 선호했습니다. 즉, 땅에 있는 인간들이 하늘에 있는 성인들과 교류함으로써 그들의 공적의 덕을 입는 것으로 해석했습니다. 그러나 종교 개혁자 루터는 새로운 해석을 내어놓았습니다. 우리 신앙인들이 바로 성인들이며, 그 성인들이 서로 사랑을 나누고 은사를 나누고 물질을 나누는 것으로 해석했습니다. 중세 교회에서는 땅에 있는 우리 죄인들이 하늘에 있는 성인들에게 중보 기도를 부탁해야 하는 것으로 생각했지만, 루터는 땅에 있는 우리 성인들이 다른 사람을 위해 중보 기도를 할 수 있는 것으로 생각했습니다.

　종교 개혁으로 인해 우리 신자들이 최고의 성인으로 격상되었습니다. 중세 교회에서는 바울이나 베드로나 어거스틴과 같은 사람들을 성인이라고 부르고 그들의 이름 앞에 St.를 붙여, St. Paul, St. Peter, St. Augustine이라고 했습니다. 종교 개혁으로 인해 우리 모두는 우리 이름 앞에 St.를 붙일 수 있게 되었습니다. 그것은 영광스러운 특권이며, 동시에 큰 의무를 지워 줍니다. 우리는 성인으로 살아야 합니다. 하나님이 거룩하신 것처럼 우리도 거룩하게 살아야 하며, 하나님이 온전하신 것처럼 우리도 온전한 삶을 살아야 합니다. 루터는 하나님을 사랑하는 것은 이웃을 사랑하는 것이라고 말했습니다. 모든 인간은 다른 사람을 위하여 창조되었고 태어났습니다. "우리가 가진 모든 것은 섬기는 데 사용되어야 합니다. 섬기는 데 사용되지 않는 것은 도적질하고 있는 것입니다" 라고 루터는 말했습니다.

우리는 사랑을 위하여 모든 상황에서 우리의 이웃을 도와야 합니다. 만약 그가 가난하다면 우리는 우리의 소유로 그를 섬겨야 합니다. 만약 그가 수치 가운데 있다면 우리는 우리의 명예로 그를 덮어 주어야 합니다. 만약 그가 죄인이라면 우리는 우리의 의와 경건으로 그를 장식해 주어야 합니다. 왜냐하면 이것이 그리스도가 우리를 위해 행하신 것이기 때문입니다. 루터는 한마디로 우리는 이웃에게 하나의 그리스도가 되어야 하며, 그리스도가 우리를 위하신 것처럼 우리는 그를 위한 존재가 되어야 한다고 말했습니다. "타자를 위한 존재"라는 슬로건은 본회퍼의 슬로건이기 오래 전에 루터의 슬로건이었습니다.

"각 사람은 위에 있는 권세들에게 굴복하라 권세는 하나
님께로 나지 않음이 없나니 모든 권세는 다 하나님의 정
하신바라 … 그러므로 굴복하지 아니할 수 없으니 노를 인
하여만 할 것이 아니요 또한 양심을 인하여 할 것이라."

(로마서 13:1-5)

양심을 인하여

　　종교 개혁의 원리 가운데 하나는 "오직 은총으로"입니다. 프로테스탄트 교회 안에서 이 원리가 왜곡되었다고 생각한 본회퍼는 은총이라는 단어 앞에 "값비싼"이라는 형용사를 붙였습니다. "값비싼 은총"이라는 말은 형용 모순입니다. 은총은 거저 주는 것인데, 값이 비싸다는 것은 모순입니다. 그러나 이렇게 함으로써 본회퍼는 루터의 가르침의 본래적 의미를 되찾아 주었습니다.

사실상 루터의 주된 관심은 본회퍼처럼 모든 신
자들이 예수 그리스도의 산상 설교대로 살아가는 것
이었습니다. 루터는 중세 교회의 이중적 윤리를 거
부했습니다. 중세 교회에서는 수도사와 같은 사람
들이 지킬 규범과 평신도들이 지킬 규범은 다르다고
생각했습니다. 루터는 이에 반대하고 모든 신자들
이 최고의 윤리 규범인 산상 설교를 그대로 따라야
한다고 주장했습니다. "그들은 속옷을 취하고자 하
는 자들에게 겉옷도 줄 준비가 되어 있으며 어떤 악
에도 대항하지 않습니다" 하고 루터는 한 설교에서
말했습니다.

그러나 산상 설교는 율법주의적인 강요에 의해
서 지켜질 수 있는 것은 아닙니다. 사람들은 산상 설

교를 강요하면 저항할 것입니다. 따라서 산상 설교는 은총에 의해서만, 신적 감동에 의해서만 지켜질 수 있습니다. 그래서 루터는 "오직 은총으로" 라는 구호를 주창했습니다. "오직 은총으로" 라는 구호는 그 자체에 목적이 있는 것이 아니라, 산상 설교에 나타난 숭고한 율법을 지키기 위한 수단입니다.

악의 원리가 지배하는 세상에서는 산상 설교대로 살아갈 수 없습니다. 그것은 마치 치안 부재의 상태에서 여자들이나 어린 아이들이 밤거리를 활보할 수 없는 것과 같습니다. 여기서 루터는 소위 "두 왕국론"을 주창했습니다. 하나님은 이 세상에 두 개의 왕국을 세웠습니다. 하나는 하나님의 오른손인 영적 왕국입니다. 하나님은 이 왕국에서는 복음과 사랑으로 다스립니다. 다른 하나는 하나님의 왼손인 세상적 왕국입니다. 하나님은 이 왕국에서는 법과 칼로 다스립니다. 이 왕국에서는 법을 제정하여 지키게 하고 법을 지키지 않으면 칼로 제재합니다. 이 세상적 왕국이 있을 때 그리스도인들을 포함해서 모든 의로운 사람들이 산상 설교에서 가르쳐진 것과 같은 숭고한 삶을 살 수 있습니다.

따라서 그리스도인들은 이 세상의 정부를 소중하게 여겨야 합니다. 암브로스, 루터, 칼빈과 같은 기독교 역사에 나타난 저명한 신학자들은 정부는 에덴 동산에서부터 하나님이 만드신 제도라고 보았습니다. 그 때에는 칼이 필요 없었으나, 인간이 타락하여 죄가 세상에 들어온 후 정부의 권한 가운데 칼의 권한이 추가되었습니다. 그러나 그리스도인들은 칼이 무서워서가 아니라 양심을 인하여 자발적으로 국가의 법을 지키는 것입니다.

"복 있는 사람은 악인의 꾀를 좇지 아니하며 죄인의 길에
서지 아니하며 오만한 자의 자리에 앉지 아니하고 오직
여호와의 율법을 즐거워하여 그 율법을 주야로 묵상하는
자로다." (시편 1:1-2)

법의 정신

몽테스키외(Montesquieu)는 그의 명저인 『법의 정신』 머리말에서 이렇게 말했습니다. "만약 모든 사람이 자신의 의무, 자신의 군주, 자신의 조국, 자신의 법률을 사랑하는 새로운 이유를 발견하고, 또 자신이 놓여 있는 각 나라, 각 정부, 각 지위에서의 행복을 보다 잘 감지할 수 있게 된다면, 나는 나의 삶을 누리는 모든 사람 중에서도 가장 행복한 사람이라고 확신할 것이다."

몽테스키외가 말한 것처럼 법을 사랑하는 사회
는 정말 아름다운 사회일 것입니다.

시편에서는 복 있는 사람은 주님의 율법을 즐거
워하여 밤낮으로 율법을 묵상하는 사람이라고 말씀
합니다. 또 다른 시편에서는 "주의 말씀의 맛이 내
게 어찌 그리 단지요 내 입에 꿀보다 더하니이다
(119:103)", "주의 말씀은 내 발에 등이요 내 길에
빛이니이다(119:105)" 라고 말씀합니다. 법을 즐거
워하고, 법을 발의 등으로 삼는 사회는 건강한 사회
일 것입니다.

종교 개혁자 루터가 우리는 복음으로 구원을 얻

는다고 주장하는 것을 듣고, 아그리콜라는 율법에 대해 비판했습니다. 아그리콜라는 설교단에서는 율법을 언급해서는 안 되며, 사람들은 율법을 들을 때 회개하는 것이 아니라, 복음을 들을 때 회개한다고 주장했습니다. 그는 심지어 율법을 가르친 모세는 교수대에 보내야 한다고 말했습니다.

인간이 하나님의 놀라운 사랑을 들을 때 회개하느냐, 아니면 무서운 율법을 들을 때 회개하느냐 하는 것은 여전히 논쟁될 수 있습니다. 중세 교회에서는 회개에 두 종류가 있었습니다. 하나는 하등 참회(attrition)이고, 다른 하나는 상등 참회(contrition)였습니다. 하등 참회는 죄를 짓고 난 다음 하나님의 벌이 무서워서 회개하는 것이며, 상등 참회는 죄를

짓고 난 다음 하나님의 마음을 아프게 했다는 자책
감에서 회개하는 것이었습니다. 어떻게 보면 하등
참회는 율법과 관계가 있는 것 같고, 상등 참회는 복
음과 관계가 있는 것 같습니다.

　루터의 동료였던 멜란히톤은 법의 세 가지 용법
이라는 이론을 제시했으며, 칼빈도 이 이론을 받아
들였습니다. 법의 첫째 용법은 정치적 용법입니다.
국가에 법이 있기 때문에 사람들이 죄를 피하려고
한다는 것입니다. 법의 둘째 용법은 신학적 용법입
니다. 예컨대 형제를 미워하는 자는 지옥에 던져진
다는 율법을 듣는 사람은 자기 힘으로는 구원을 받
을 수 없고 하나님의 자비에 의존해야 하겠다는 생

각을 하게 된다는 것입니다. 셋째로 구원을 체험한 사람은 율법을 하나님의 뜻으로 알고, 율법을 사랑하고 율법을 지키려고 노력한다는 것입니다. 이것이 이른바 법의 제 3 용법이라고 하는 것입니다.

신앙심이 깊은 사람들이 율법을 사랑하듯이, 국법을 사랑하는 사회는 아름다운 사회입니다. 신앙심이 깊은 사람들이 하나님을 사랑하고 교회를 사랑하여 헌금을 내듯이, 나라를 사랑하는 마음으로 세금을 내는 사회는 건강한 사회입니다. 법을 사랑하는 마음을 가지도록 노력하고, 또 이 정신을 파급시켜 나갑시다.

"또 어느 임금이 다른 임금과 싸우러 갈 때에 먼저 앉아 일만으로서 저 이만을 가지고 오는 자를 대적할 수 있을까 헤아리지 아니하겠느냐 만일 못할터이면 저가 아직 멀리 있을 동안에 사신을 보내어 화친을 청할찌니라."

(누가복음 14:31-32)

전쟁과 평화

    톨스토이의 작품 가운데 『전쟁과 평화』라는 장편 소설이 있습니다. 이 작품은 1812년 나폴레옹의 러시아 침략을 배경으로 하고 있습니다. 톨스토이는 역사는 불가시적이고 포착할 수 없는 힘에 의해 지배된다고 생각했습니다. 이 작품에 나오는 나폴레옹처럼 자기 자신을 권력가라고 생각하는 사람은 이 영원한 진리의 법칙에서 멀어집니다. 반면에 이 작품에 나오는 쿠투조프처럼 이 영원한 진리의 법칙에 순종하는 사람은 위대해집니다. 톨스토이는 이 작품을 통해 역사상의 영웅들은 명성과 명예의 꼭두각시일 뿐이며, 잘못된 욕망과 목적에 의해 지배받고 있는 불구자에 지나지 않음을 말해 주고 있습니다.

톨스토이는 보로지노 전투에서 패배한 나폴레옹을 이렇게 묘사하고 있습니다. "시체와 부상자로 뒤덮인 싸움터의 처참한 광경은, 머릿속의 괴로운 느낌과 그와 가까웠던 스무 명이나 되는 장군들이 사상자나 부상자 속에 끼여 있다는 보고, 그리고 전에는 강력했던 자기의 팔이 지금은 그 힘을 잃었다는 의식과 함께 나폴레옹에게 의외의 인상을 안겨주었다 … 머리와 가슴의 묵직함은 그 자신에게도 고통과 죽음의 내습이 가능하다는 것을 생각하게 했다.
그는 이 순간 모스코바도, 승리도, 명예도 … 갖고
싶지 않았다. 오직 하나 그가 바라는 것이 있다면,
그것은 휴식과 평안과 자유였다."

　루터는 전쟁을 욕망의 전쟁과 필연의 전쟁, 즉 침
략적 전쟁과 방어적 전쟁으로 나누었습니다. 그는
이렇게 말했습니다. "우리는 어떤 사람이 누가 자기
를 공격하기 전에 자기가 원해서 시작하는 전쟁들과
어떤 사람이 공격해서 자극을 받아 하는 전쟁들 사
이를 구별해야 한다. 첫째 종류는 욕망의 전쟁, 둘째
는 필연의 전쟁이라 부를 수 있다. 첫째 종류는 악마
에게 속하며, 하나님이 그런 종류의 전쟁을 하는 자

에게 행운을 주지 않는다. 둘째 종류는 인간적 불행
이며 하나님이 그들을 도와준다."

　아우구스티누스는 그의 저서 『신국론』중 "정의
가 제거되면 왕국들이 강도단들 이외 무엇이겠는
가?" 하는 소제목에서 알렉산더와 한 해적의 대화를
소개해 주고 있습니다. 알렉산더가 해적을 붙잡아
어쩌자고 악하게 바다를 장악하고 있는가고 꾸짖었
을 때 그 해적은 이렇게 대답했습니다. "어쩌자고
당신은 전 지구를 장악했습니까. 큰 함대로 그것을
한 당신은 황제라고 불리어지지만, 나는 작은 배로
그것을 하기 때문에 강도라 불리어집니다." 아우구
스티누스가 생각한 것처럼 정의가 없는 국가는 강도

단과 다를 바 없습니다.

예수님은 "또 어떤 임금이 다른 임금과 싸우려 나가려면, 이만 명을 거느리고서 자기에게로 쳐들어 오는 그를 자기가 만 명으로 당해 낼 수 있을지를, 먼저 앉아서 헤아려 보아야 하지 않겠느냐?" 하고 물으시고 "당해 낼 수 없겠으면, 그가 아직 멀리 있을 동안에 사신을 보내서, 화친을 청할 것이다" 하고 말씀하셨습니다.

처참했던 6 · 25 전쟁을 상기하면서 다시 한번 전쟁에 대해 깊이 생각해 보아야 할 것입니다. 욕망의 전쟁은 이 땅에서 사라져야 합니다. 나폴레옹 같은 사람이 선망의 대상이 아니라 경멸의 대상이 되는 세계, 그런 사람을 추종하는 사람이 한 사람도 없는 세계가 아름다운 세계일 것입니다. 그러나 그런 사람이 없을 수 없다면, 예수님의 말씀처럼 처절한 전쟁을 피하기 위해 화친을 청하는 것이 바람직한 일일 것입니다. 『전쟁과 평화』에서 안드레이 공작은 이렇게 말합니다.

"연민, 형제와 사랑하는 사람에 대한 사랑, 우리를 미워하는 사람에 대한 사랑, 적에 대한 사랑, 그렇다. 이것은 신이 이 땅 위에서 가르친 사랑이다."